KB112213

하이힐 신고
납품하던 김 과장은 어떻게
18개 명함 가진
CEO 가 됐을까?

하이힐 신고
납품하던 김 과장은 어떻게
18개 명함 가진
CEO가 됐을까?

초판 1쇄 인쇄 | 2019년 12월 15일
초판 1쇄 발행 | 2019년 12월 22일

지은이 | 김은수
펴낸이 | 박영욱
펴낸곳 | 북오션

편 집 | 이상모
마케팅 | 최석진
디자인 | 서정희 · 민영선

주 소 | 서울시 마포구 월드컵로 14길 62
이메일 | bookocean@naver.com
네이버포스트 | post.naver.com ('bookocean' 검색)
전 화 | 편집문의: 02-325-9172   영업문의: 02-322-6709
팩 스 | 02-3143-3964

출판신고번호 | 제313-2007-000197호

ISBN 978-89-6799-505-8 (03190)

이 도서의 국립중앙도서관 출판예정도서목록(CIP)은 서지정보유통지원시스템
홈페이지(http://seoji.nl.go.kr)와 국가자료공동목록시스템
(http://www.nl.go.kr/kolisnet)에서 이용하실 수 있습니다.
(CIP제어번호: CIP2019046434)

그 무엇도 간절함을 이기지 못한다

하이힐 신고 납품하던 김 과장은 어떻게 18개 명함 가진 CEO 가 됐을까?

김은주 지음

오늘, 내 남은 인생의 첫날이다

나는 일어설 수 있다,
일어서야 한다,
이미 일어서고 있다

북오션

들어가며

"명함이 17개라고요?"

"진짜 명함이 17개예요?"

책을 출간해 저자가 된 후 수많은 사람이 물었다.

세상에 태어나 주어진 이름이 아니라 세상에서 내가 불리고 싶은 이름에 대한 이야기를 하려고 나는 18번째 명함, 저자가 되기로 마음먹고 용기 내 책을 출간함으로써 18번째, 저자라는 명함을 만들었다.

명함은 성장의 기록이다. 마치 아이가 자라듯이 명함도 자란다.

하이힐 신고 납품하던 김 과장이 18개 명함을 가진 CEO가 되었다.

18개 명함을 만들어 가는 시간 동안 능력과 실력이 늘어감과 동시에 인간으로서의 성장통을 동반해야 했다. 그리고 그런 치열함 속에서도 결국 따뜻한 마음이 이긴다는 사실을 자각했다.

그런 치열한 어느 날, 그곳에 그가 내 명함을 들고 앉아 있었다.

'영업 과장 김은주'의 명함으로 그를 처음 만난 건 3년 전 중국 상해공장에서였다. 그는 미팅을 지루해하며 우리 회사와의 거래에 별다른 관심을 보이지 않았다. 그와의 미팅은 진척이 없었고, 우리는 각자의 명함으로 충실히 살아가며 서로의 존재를 잊고 있었다.

'해외영업 차장 김은주'의 명함으로 그를 다시 만난 건 일본 켄우드 본사에서였다. 나는 계속된 거절에도 불구하고 구매 담당자에게 끈질기게 연락해 일본 본사를 방문할 기회를 얻었다.

그 두 번째 만남에서 우리는 서로를 알아보지 못했다. 그러다 다음 번 미팅에서 그가 불쑥 3년 전 내 명함을 내밀었다. 낯이 익어 명함첩을 뒤졌단다.

그가 내민 명함을 보고 있자니 3년 전 일이 생생히 떠올랐다. 그에게 이제 새 명함만 간직해도 된다고 하자 그는 나의 성장을 기록하고 응원해주고 싶어 두 개의 명함을 모두 간직하겠다고 했다.

'해외영업 차장 김은주'

누군가에게는 지극히 평범해 보이는 이 명함 한 장을 갖으려고 나는 16년의 세월을 깨지며 배워야 했다. 몸에 맞지 않은 영어강사로 사회생활을 시작해 영업 사원, 무역회사 대리, 영업 과장이라는 이름으로 국내 거래처를 돌아다녔다.

'글로벌 마케터 김은주'

누군가는 쉽게 만드는 명함 한 장을 갖고자 나는 눈물과 땀을 세상에 뿌리고 다녀야 했다. 항상 일로 바쁜 나에게 어린 아들은 "엄마 무릎에 누워도 되요" 하고 수없이 물었다.

그 순간들을 어떻게 견뎠을까

여자라서 안 된다, 결혼해서 안 된다, 출산해서 안 된다는 그들의 '안 된다'를 거부하며 나는 비행기에 몸을 싣고 세계를 돌고 돌아 이 자리에 왔다. 그 사이 내 명함은 많이 달라졌다. 수출컨설팅회사 대표가 되었으며, 경기도 수출자문위원, 경기도 글로벌 파트너십 구축 컨설턴트, 한국기술벤처재단 글로벌 기술마케팅 전문위원, 여러 컨설팅자문기업들의 글로벌마케팅 이사, 무역실무 강사, 저자라는 새로운 이름을 얻었다.

2017년 한국농수산식품유통공사의 요청으로 외국어를 전공한 대학생들을 대상으로 무역실무 강의를 한 적이 있었다. 강의 전날, 나와 같은 길을 가겠다는 그들 생각에 잠이 오지 않았다. 간절히 원하는 명함 한 장을 만들려고 그들은 또 얼마나 많은 눈물과 땀을 흘려야 할까.

다음 날, 강단에 서자 준비한 멘트가 아닌 다른 말이 떠올랐다.

"왜 이 힘든 길을 가려고 하느냐고 가족이 많이 반대하죠?"

"네!"

목청을 높이며 '네'라고 말하는 그들의 눈빛을 나는 잊을 수 없다. 이 학생들에게는 자신이 선택한 길을 지지해주는 선배와 어른들의 응원과 격려가 필요했다.

"나는 해외시장을 개척할 때 혼자 모든 것을 다 해야 했어요. 가르쳐 주는 사람이 없어서 맨땅에 헤딩하며 깨지면서 혼자 해외영업을 배웠죠. 맨땅에 헤딩하면 많이 아프죠. 많이 좌절했어요. 그래서 여러분은 덜 아프고 덜 좌절했으면 좋겠어요. 그래서 오늘 교육이 필요해요."

내가 응원의 말을 마치자 박수 소리가 귓가를 울렸다.

지금 이 순간도 그날의 박수 소리가 귀에 쟁쟁하다. 이들은 20대의 나처럼 치열하게 고민하고 있었고, 한 장의 명함을 간절히 필요로 하고 있었다.

그들을 보며 스스로 다짐한 대로 나만의 태풍을 지나는 순간에도 타인의 고통을 공감하는 따뜻한 사람, 그래서 누군가 고통받지 않도록 최선을 다하는 사람, 나보다 어려운 사람에게 친절한 사람, 그런 사람다운 사람, 좋은 사람이 되고 싶다.

2019년 11월

김은주

차 례

1부 ● 이왕, 후회없는 선택의 길을 택하겠다

2부 ● 직업은 소명이 되고 선물이 된다

3부 ● 여성 CEO로 산다는 것

4부 ● 나는 항상 나를 응원한다

5부 ● 오늘도 감사하며 삽니다

6부 ● 작가, 새로운 명함을 가지고

1부

이왕,
후회 없는 선택의
길을 택하겠다

1990년 대학을 입학하여 1994년 대학을 졸업한 나는 때로는 경제적인 이유로, 때로는 여자라는 이유로 사회 진출에 대해 부정적인 이야기를 들어야 했다. 내가 하고 싶었던 일이 있었지만 세상은 내가 그런 이름으로 사는 걸 반기지 않았다.

1

세상을 향해 뛰어라

매일 새벽 4시 반에 일어나 영어 학원으로 향한다. 비가 오나 눈이 오나 1년째 영어 학원에 다니는 중이었다. 새벽에 집을 나서는 일은 익숙해지지 않았다. 강의실에 들어서면 꽃다운 여학생들이 자리를 찾고 있다. 그들 역시 새벽잠을 떨치고 시간과 싸우고 있다. 그들의 꿈은, 열에 아홉은 항공사 승무원이다.

그 시절의 상식으로는 외모와 영어가 받쳐주는 사람에게 최고의 직업은 항공사 승무원이었다. 항공사 승무원이 된 대학 선배는 전설처럼 회자되었고 모두 그 선배를 궁금해했다. 하지만 또 한 명의 전설이 탄생했다는 얘기는 거의 듣지 못했다.

나는 그들과 꿈이 달랐다. 영어를 잘해야 하는 이유가 전 세계 사람들과 소통하며 그들의 생각과 문화, 역사를 이해하고 싶었기 때문이었다. 경제적 여유도 없어서 중고등학교 시절에는 학원 대신 집에서 큰 소리로 영어책을 읽고 또 읽었다.

수평적인 관계에서 친구처럼 대화하길 좋아했던 나는 스스로를 '아메리칸 스타일'이라고 생각했다. 영어를 더 잘하고 싶었고 영문과로 진학하고 싶었다. 하지만 당락이 불투명한 성적을 걱정하시던 담임선생님은 일문과를 권유했다.

일어는 낯설었고, 흥미가 없었다. 대신 영문과 수업을 들었다. 당시에는 부전공이라는 개념이 없었기 때문에 나는 영문과생도 일문과생도 아닌 중간자로 살았다. 학과 동기생 대부분이 도서관에 출퇴근하며 공무원시험을 준비하는 동안 나는 영문과 주변을 맴돌았다. 영문과 회화수업을 강의하는 원어민 교수는 나를 '재패니스 걸'이라고 불렀다. 영어 수업을 듣는 일어 전공 여학생이라는 의미였다.

그렇게 방황이 이어지던 어느 날, 우연히 대학 도서관에서 여덟 글자가 찍힌 포스터를 만났다.

"세상을 향해 뛰어라."

누군가에게는 공간과 비용의 낭비처럼 보일 수 있는 이 평범한 문구가 내 혈관을 타고 심장에 닿았다. 막연했던 시야가 걷히고 미래가 손에 잡힐 듯 뚜렷해졌다. 세계를 무대로 뛰는 글로벌 세일즈맨이 되겠다! 그저 다짐이 아니라 미래의 꿈을 꾼 사람처럼 기시감에 사로잡혔다. 꿈은 자석처럼 나를 잡아당겼다.

영어는 중요한 미션이 되었다. 영어 학원뿐 아니라 학교 영어수업도 빠뜨리지 않았다. 그때 나는 1년 넘게 영어회화 학원을 다니고 있었는데 레벨테스트에서 번번이 떨어지고 있었다. 마음이 조급해서 그랬는지 탈락 원인을 찾지 못했고, 계속된 유급에 외국인 강사 앞에서 아이처럼 울기도 했다. 나중에 한 수강생에게 이유를 들을 수 있었는데 특정 문법을 자꾸 틀렸기 때문이라고 했다. 나만의 방식을 고집한 나머지 영어를 멋있게 말하는 데만 집중했던 게 이유였다.

꿈을 바라보며 걷기로 결심했다

대학교 졸업을 앞두고 무역협회에서 무역마스터 1기를 모집했다. 무역인재를 선발하여 1년 동안 집중 육성하는 지원 사업이었다. 내 눈에는 글로벌 세일즈맨에 한 걸음 다가서는 중요한 징검다리처럼 보였다. 면접관들은 내가 영어, 일어가 가능한 특기생이라며 좋은 점수를 주었다. 정말 간절히 공부하고 싶었다.

문제가 있었다. 수강료가 전액 지원이 아니었다. 과정을 이수하려면 약 200만 원 정도가 필요했다. 그러나 부모님에게 손을 벌릴 수 없는 상황이었다. 나까지 자식 일곱 명의 학비를 모두 부담해 오시느라 등골이 휘신 분들이었다.

25년 전, 200만 원은 큰돈이었다. 날개가 꺾인 나는 큰 좌절감과 슬픔에 정신을 차릴 수 없었다. 그러다 갑상선 호르몬에 이상이 생겼고 1년 이상 약을 먹는 처지가 되었다.

눈물을 닦았다. 자신감을 되찾는 게 중요했다. 바라던 삶은 아니었지만 학원의 여대생들을 따라 항공사 승무원 시험에 응시했다. 키가 1센티미터 부족하다는 이유로 신체검사에서 탈락했다. 실망은 크지 않았지만 능력보다 신체적 조건을 우선시한다는 게 그렇게 분할 수 없었다. 마치 내 앞을 가로막는 어떤 상징적인 사건 같았다.

모자란 1센티미터가 시작되었다. 대기업 종합상사를 비롯하여 여러 기업에 응시했다. 밤새워 자기소개서를 작성하고 서류를 접수하고 면접을 치른다. 무슨 일을 하고 싶으냐고 묻기를 기다렸다가 '해외영업사원'이라고 말하면 기다렸다는 듯이 의아한 눈초리가 돌아왔다. 사람들은 내게 외국어 문서 처리나 외국인 전화응대 등 단순 사무업무를 권했다. 어학전공 여자가 할 수 있는 일은 거의 정해져 있었다. 해외영업사원이라는 단어는 한 글자도 꺼낼 수 없는 분위기였다.

자포자기한 심정으로 영어 학원 강사를 시작했다. 일어를 전공하고 영어를 가르치는 특이한 이력이 생겼다. 수강생들의 만족도는 높

앗으나 그와 별개로 나는 많이 불행했다. 하루 몇 시간씩 같은 내용을 반복적으로 가르치는 일은 슬펐다.

꿈이고 뭐고 모든 게 싫었다. 식욕도 없었다. 학원 강의가 끝나면 친구들과 밤새 나이트클럽을 돌았다. 감기 증상이 찾아온 것도 그 무렵이다. 몇 달 동안 기침에 시달리다 대학병원에서 결핵진단을 받았다. 독한 약을 1년 정도 먹고 완치가 되었지만 마음은 낫질 않았다.

갑상선호르몬 항진증과 결핵. 나는 두 차례의 병을 겪으며 가슴 뛰는 일을 하지 않으면 살아 있어도 산 게 아님을 알게 되었다. 제아무리 주머니가 두둑해져도 마음을 살찌우는 건 따로 있었다. 꿈을 포기할 수 없다면 가슴 뛰는 일을 해야 한다. 내 자신을 사랑한다면 내가 하고 싶은 일을 해야 한다. 그것이 내가 사는 길임을 깨달았다. 무릎이 까지도록 가시밭길을 기어가더라도 삶과 타협하지 말아야 한다. 맛을 모르고 음식을 먹는 것과 다를 게 없었다. 저 문너머에 실패와 좌절이 기다리고 있더라도 꿈을 바라보며 걷기로 결심했다. 도전할 만한 가치가 있는 일이야말로 진짜 내가 원하는 삶이리라.

2

어려움이 나를 성공의
언덕으로 인도할것이다

'여자가 사회에서 할 수 있는 일이 무엇일까?'

'내 인생에서 주연으로 살 것인가, 조연으로 살 것인가?'

부표처럼 흔들리던 그 시기에 내 머릿속에서 떠돌던 질문들이다.

대학 4학년, 수십 통의 이력서를 보낸 끝에 조그만 무역회사가 연락해왔다. 서울 코엑스에 있는 무역회사였는데 면접을 보러 오라고 했다. 코엑스라면 무역센터와 가까운 곳이었다. 꼭 한 번 가보고 싶었다. 약속한 날짜에 버스에 몸을 실었다.

코엑스 내에 위치한 무역회사는 깔끔했고, 무엇보다 작았다. 근무자는 사장밖에 없었다. 그는 외국과 커뮤니케이션도 하며 자기 업무를 도와줄 사람을 찾는다고 했다.

"외국에서 전화 오면 받고, 영어 문서 작성해서 팩스도 보내고 그런 일이죠."

그의 말에 따르면 일은 전혀 힘들지 않았다. 외근이라야 관공서 심부름이나 음료수를 사러 다니는 일이 전부일 것 같았다. 영업을 위해 사람을 만나는 일도 없으리라. 퇴근도 5시 전이었다. 그는 나를 수많은 그녀들 중 한 명으로 생각하고 있었다.

사람 대신 서류에 파묻혀 있기는 하지만 무역 업무인 건 사실이다. 그러나 도무지 무엇을 배울 수 있을지, 앞으로 어떻게 성장할 수 있을지 감이 잡히지 않았다. 성과에 대한 부담이 없는 게 장점일 수도 있다. 그런데 5년 뒤에는? 10년 뒤에는? 그때도 여전히 5시 전에 퇴근하려고 서둘러 팩스 보내고 서류 정리하는 삶을 살아야 할까?

주연으로 살고 싶었던 나는 역경을 이겨낼 준비가 되어 있었고, 그 과정에서 성장하고 싶었다. 다른 누군가로 대체할 수 있는 일은 나의 몫이 아니었다. 마치 그 사장은 '결혼하거나 아이 낳으면 그만둘 거 아닌가요?' 하고 묻는 듯한 인상이었다. 성장에 대한 비전이 없거나 대체 가능한 자원으로서의 삶은 내가 바라는 삶이 아니었다.

나를 떨어뜨린 그 1센티미터의 추억이 다시 살아났다. 무역사무는 대부분 어학을 전공한 여자들이 하고, 해외영업은 영어를 잘하는 남자들이 맡는 그 확고한 성역할 구분에 숨이 막혔다. 만일 협상의 주도권을 내가 쟁취할 수 있는 기회가 있다면 무역사무도 나쁘지 않을지 모른다. 그러나 무역사무 담당자에게는 일을 주도적으로 이끌 수 있는 권한이 없었다. 항상 누군가의 의사결정과 지시를 따라야 하는 조연이다. 물론 어떤 사람은 책임과 권한 대신 수동적 자세와 복종 안에서 행복을 누리기도 한다. 그러나 나는 존재가치를 느끼는 방식이 달랐다. 지옥에 떨어지더라도 내 손으로 떨어지고 싶었다.

2010년 〈TED〉 강연에서, '왜 여성 리더는 소수인가'라는 주제로 무대에 오른 사람이 있었다. 페이스북 최고운영책임자인 셰릴 샌드버그다. 그녀는 여성이 직장에서 기회가 생겼을 때 주저하지 말고 당당하게 테이블에 앉고, 위험을 감수하고, 기회를 향해 달려들 수 있어야 한다고 강조했다. 여자라는 이유로 나약함에 빠지지 말고 위험을 감수하고 자신의 일을 책임을 지려는 도전적인 자세를 가질 때, 여성이 '여성'이라는 허물을 벗고 리더로 재탄생할 수 있다는 얘기다.

'여자라고 언제까지 쉬운 일만 할 거야? 언제까지 지시를 기다릴 거야? 스스로 목표를 세워서 자기 의지대로 뛰면 안 되는 거야?'

나는 스스로에게 이런 질문을 던졌다. 이 관점에서 보면 어학은 하나의 스킬일 뿐 그 자체로 무기가 될 수 없다. 뛰어난 어학 실력에 더해 자신만의 전문성을 갖추었을 때 전쟁터를 뛰어다니는 무사가 된다. 영어를 잘하는 엔지니어나 영어를 잘하는 음악가, 영어를 잘하는 요리사처럼 자신만의 전문성 위에 영어라는 고명을 얹을 때 더 인정받는다. 그렇지 않다면 영원히 엔지니어나 음악가, 요리사 옆에 달라붙어서 통역이나 하는 역할에 머물러야 한다.

안정보다 도전을 택하라

기술적 이슈가 매우 중요한 제품이 있다. 이럴 때는 비즈니스 협상이란 게 엔지니어들과의 기술미팅이 대부분이다. 이때 통역으로서의 역할은 엔지니어들의 기술 지식을 가능한 한 그대로 성실히 전달하는 것이다. 기술 통역에는 내 생각과 판단이 절대 개입해서는 안 된다. 이런 미팅을 수차례 반복하다보면 '내가 지금 뭐하고 있지?' 하는 생각이 들 때가 있다. 말만 옮기는 앵무새가 된 것 같아서 바보처럼 느껴질 때가 있기 때문이다.

그럴 때마다 전문성, 즉 자신만의 콘텐츠가 얼마나 중요한지 뼈저리게 느낀다. 엔지니어가 어학까지 잘한다면 최고이듯, 어학 전공자가 해박한 기술적 지식이나 전문성이 있다면 자신만의 강력한 무기가 될 것이다.

몇 년 전, 일본 시장을 개척하려는 목적으로 출장을 갔을 때였다. 우리는 부스를 설치하고 일본 바이어와 상담할 준비를 했다. 모든 상담테이블에 일어 통역이 배정되었는데 마침 나에게 배정된 통역원은 일본에서 유학 중인 남자였다. 그런데 상담하러 온 일본 바이어들은 내가 아닌 남자 통역원을 보고 상담을 시작했다. 딴에는 여자인 내가 일어 통역원이고 남자 통역원이 한국 기업의 영업담당자라 여긴 모양이다. 대화할 상대가 그가 아닌 나임을 밝히자 일본 바이어들은 무척 놀라워했다. 기술적인 전문지식이 필요한 IT 전자 분야에서 여자 해외영업사원은 아주 드물었다.

얼마 전, 한 바이어 상담회를 마치고 돌아오는 길에 통역원으로부터 연락을 받았다. 러시아어를 전공했다는 그 여성 통역원은, 내가 바이어와 상담할 때 바이어의 무리한 요구에 밀리지 않고 협상을 진행하는 것이 인상적이었다고 밝혔다.

"지금까지 한 기업에서 비서로 일했습니다. 이제 비서를 그만두게 되었는데 선생님처럼 해외영업을 할지 아니면 공공기관에서 계약직으로 사무업무를 할지 고민스러워서요."

나는 그녀에게 사무직보다 해외영업에 도전해보라고 말했다. 해외영업의 전문성과 장점을 설명하고 힘들더라도 몇 년 뒤를 보고 시간을 투자하라고 조언했다. 네 시간 동안 밥을 먹으며 용기를 북돋우려고 했으나 그녀는 자신의 선택에 자신이 없다며 위축된 모습을 보였다. 그 친구가 용기 있는 도전을 했는지는 알 수 없다. 하지만 자신을 진정 사랑한다면 좁은 문 앞에서 주저하지 않기를 바란다.

"남들이 다 할 수 있는 쉬운 것에 집중하며 열등감을 보이는 것보다는 어려운 것에 도전하며 사람들에게 도전적이며 긍정적인 이미지를 심어주는 편이 훨씬 낫다."

심리학자 아들러의 말이다.

쉬운 일이 선택의 기준이 될 때 우리는 점점 어려움을 견디지 못하게 된다. 가장 어려운 길을 선택해본 사람에게는 다음 선택이 항상 더 쉬울 수밖에 없다. 그 어려움을 통과하고 나면 자신에 대한 믿음과 확신도 갖게 된다. 사람은 담금질을 거치며 자신만의 향기를 내뿜는다. 평지만 걷는다면 우리는 죽을 때까지 내 근육이 가진 한계를 알지 못할 것이다.

중국어를 가르치는 한 지인이 있다. 한번은 기업체의 요청으로 비즈니스 통역을 했는데 상담이 잘되어 저녁식사까지 함께했다. 그런데 술에 취한 고객이 통역비랍시고 구겨진 돈을 손에 쥐어주었다고 한다. 그녀는 기분이 나빠서 이렇게는 돈을 안 받는다며 통장으로 보내달라고 하고 자리를 떠났다. 자존심에 상처를 입은 그녀는 몇 년간 통역이라면 치를 떨었다.

나 역시 그 분노를 잘 기억한다. 숨어 있던 1센티미터는 언제든 얼굴을 내민다. 자존감을 되찾으려면 분노의 순간을 잊지 말아야 한다. 대신 기꺼이 어려움을 택하자. 그 어려움이 나를 저 언덕으로 인도해줄 것이다.

3

응원받지 못한 여자로
산다는 것

고등학교 때 적성검사를 하면 언어능력 98퍼센트, 장래직업은 세일즈맨이란 결과가 나왔다. 학년이 바뀌어 몇 번이나 적성검사를 다시 했는데 여전히 나의 장래직업은 세일즈맨이었다. 적성검사 결과가 늘 못마땅했다. '뭐 이런 엉터리가 다 있어? 내가 무슨 세일즈맨이야? 물건이나 팔라고?' 판사, 의사, 교사는 아니라도 비행기를 타고 외국을 오가며 할 수 있는 멋진 직업이 있을 것 같았다.

우리 집은 형제가 많다. 바로 위 오빠가 아직 대학생이었다. 나까지 대학을 가면 자식 두 명의 학비를 싫어져야 했다. 한번은 아버지의 깊은 고민도 모른 채 "내가 대학시험에 떨어지면 좋겠지요?" 하고 웃으며 말한 적이 있었는데 아버지는 그때 마음이 많이 아팠다고 하신다.

대학 시험을 보던 추운 날, 아버지는 내가 대학에 합격하면 학비를 어떻게 마련해야 할지 걱정하는 동시에 대학에 합격하길 바라는 복잡한 심정으로 대학시험장 밖에서 손에 입김을 불고 계셨다. 막상 내가 우리 지역 명문 국립대학에 입학하자 부모님은 무척 좋아하셨다. 동장군이 기승을 떨치던 한겨울의 어느 날 아버지는 신문지에 현금을 돌돌 말아서 떨리는 손으로 큰언니에게 전달했다. 나의 등록금이었다. 배움의 기회가 남자에게 먼저 주어지던 시대였다. 부모님의 마음에 코끝이 찡하면서도 어렵게 잡은 기회라는 생각이 복잡하게 얽혀 있었다.

4학년 졸업을 앞두고 무역협회에서 주관하는 무역마스터 1기 과정의 공고를 본 직후였다. 서류와 면접을 거치며 우수한 인재라는 현장 평가까지 들었지만 나는 부족한 200만 원 앞에서 분을 삭이고 있었다.

이미 여쭤 보지 않아도 부모님께 손을 내밀 수 없다는 걸 알고 있었다. 아르바이트로 모아둔 돈도 없었다. 형제들이 떠올랐다. 회사를 다니고 있는 오빠에게 수화기 너머로 도와달라고 부탁했다. 오빠는 이렇다 저렇다 아무 말 없이 전화기를 끊었다. 이제나 저제나 전화가 올까 기다렸다. 등록금 마감일 하루 전, 오빠가 만나자고 연락해 왔다.

"영어 학원 운영하는 선배한테 네 얘기 해두었으니 찾아가 보거라. 무역마스터 과정은 포기하고."

힘줄 하나가 툭 끊어지는 느낌이었다. 무거운 삶의 현실을 생각하면 오빠를 이해하지 못할 건 아니다. 나에게는 존재가치를 느낄 수 있는 도전이 쓰디쓴 세상의 현실을 맛본 오빠에게는 확률이 떨어지는 게임으로 보일 수도 있었다. 더욱이 오빠는 일곱 형제 가운데 유일한 남자였다.

그러나 나는 단 한 번도 직업으로서 학원 강사를 생각해본 적이 없었다. 학원 강사를 하자고 새벽잠을 쫓아가며 학원을 다닌 건 아니었다.

몇 년 뒤, 여동생이 학원 강사를 그만두고 해외유학을 떠나겠다고 선언했을 때도 오빠는 그가 짊어진 무게만큼이나 낮고 힘든 목소리로 이렇게 말했다.

"그냥 한국에서 시집이나 가지 뭐 하러 유학을 가느냐?"

차갑게 터져 나오는 그 목소리 아래 깔려 있던 깊은 슬픔을 나는 아직도 잊지 못한다. 그와 동시에 서운한 눈빛으로 고개를 숙이던 여동생도 잊을 수 없다.

세상에 포기할 꿈은 없다

응원받지 못하는 여자로서의 삶이 얼마나 가슴 아픈지 누구보다 잘 아는 나는 여동생에게 잘할 수 있다는 응원을 보내고 싶었다. 가족마저 그렇게 생각했다면 다른 사람들은 여성의 도전에 더 차가운 시선을 가지고 있을 것이다. 비록 사회가 차가운 시선으로 대해도 가족은 나의 꿈을 응원해 주기를 바란다. 세상은 여자들의 용감한 도전을 응원하지 않는 것 같다. 죽어라 공부해서 하고 싶은 것에 도전하지도 못하고 대충 살다가 시집가서 가족을 위해 평생 희생하며 사는 것이 여자들의 꿈은 아닐 것이다.

"남이 나에 대해 어떤 평가를 내리든 마음에 두지 않고, 남이 나를 싫어해도 두려워하지 않고, 인정받지 못한다는 대가를 치르지 않는 한 자신의 뜻대로 살 수 없다."

아들러의, 기억해야 할 한마디다.

진정으로 자유로워지려면 '미움 받을 용기'도 있어야 한다. 그런 용기가 생겼을 때 타인의 강요가 아닌 자신의 의지에 따라 살 수 있다. 그 삶에 행복이 꽃핀다.

나와 여동생이 그 행복을 위해 용기 내야겠다고 다짐한 데에는 어머니의 희생이 있었다. 어머니에게는 배움에 대한 갈망과 자유로운 삶에 대한 못다 이룬 꿈이 있었다.

어머니는 여섯 딸에게도 배움의 기회를 제공하기 위해 노력하셨다. 대학까지 나온 외삼촌과 달리 어머니가 아홉 살일 때 외할머니가 돌아가시는 바람에 가사를 도맡느라 배움의 기회가 없었다. 어머니는 배움에 대한 열망이 특히 강렬했다. 그 때문에 어떻게든 교육의 기회를 평등하게 제공하겠다고 각오하셨고 정말 눈물겨운 삶을 사셨다. 내가 대학에 들어가자 어머니는 도둑질만 빼고 뭐든지 다 배우라고 신신당부하셨다. 내가 열심히 공부해서 자신의 길을 개척하기 바라셨고, 살림만 하며 살아가는 가정주부가 되기를 바라지 않으셨다. 큰 딸로 태어나 똑똑하고 공부도 잘했지만 동생들을 위해 교사의 꿈을 포기하고 20대 초반부터 동생들 뒷바라지를 하며 희생한 큰언니에게 나는 항상 미안했다.

여자가 열심히 공부하는 이유가 살림에 보탬이 되기 위해서일까? 내가 딸이라는 이유로 차별받지 않고 공평한 배움의 기회를 주고자 노력하신 부모님에게 항상 감사한다. 딸이 사회에 당당히 진출해서 하고 싶은 일을 하며 인정받기를 바라는 부모님의 헌신과 바람을 누구보다 잘 알기 때문에, 사회에서 여자라는 이유로 마주해야 했던 수많은 편견과 차별에도 불구하고 나는 끝까지 꿈을 포기하지 않았다. 학원 강사를 하며 방황했던 3년은 여자라는 이유로 꿈을 포기하고 학원 강사나 하며 사는 것이 절대로 행복하지 않다는 것을 가르쳐주기에 충분한 시간이었다.

4

여자에게 포기를
권하는 사회

"학생은 영어를 열심히 공부해서 어떤 일을 하려고 하나?"

대학에서 영어 강의를 수강하던 어느 날, 영어강사의 질문에 나는 이렇게 대답했다.

"해외영업을 할 거예요."

강사는 두 눈을 크게 뜨며 되물었다.

"여자의 몸으로?"

마치 내가 뭔가를 크게 착각하거나 잘못 생각하고 있다는 말처럼 들렸다. 사회는 다양한 이유로 여자에게 포기를 권한다.

우리는 직원채용 과정에서 최소한 남녀를 구분해서 선발하지 않는 시대에 살고 있다. 그러나 채용공고문에서 남과 여가 삭제되었다고 해서 우리 의식에서도 똑같이 삭제된 것은 아니다. 남녀 차별을 금지하는 법규를 준수하기 위한 형식적인 명분이 더 클 뿐, 여전히 기업들은 여자가 해야 할 일과 남자가 해야 할 일을 구분하는 경향이 있다. 그래서 도전적이고 활동적인 일에 여자가 지원하면 연락이 없는 경우가 많다. 나는 그런 시선들이 늘 답답했다.

해외출장은 남자만 가는 것인가? 바이어를 만나 협상하는 것은 남자만 해야 하는 것인가? 여자는 해외로 출장가면 안 되고 바이어를 직접 만나서 상담하면 안 되는가? 여자도 비행기 타고 세계 어디든 출장을 갈 수 있고, 해외 고객사를 만나 미팅할 수 있고, 주도적으로 의사결정을 할 수 있다. 그것이 왜 어렵다는 것인지 도저히 이해가 안 되었다. 사람들은 그것을 일종의 상식처럼 받아들이는 것 같았다.

학원 강사를 그만두고 어렵게 회사에 취업해서 일본 업무를 담당하게 되었을 때, 일본 파트너사의 책임자는 '언제 시집 갈 거냐'며 '시집이나 가라'는 말을 자주 하곤 했다. 또 일본어 실력이 좋아지자 일본 남자친구를 사귀고 있느냐고 묻기도 했다. 회사 분위기도 비슷했기 때문에 나는 누구에게도 하소연할 수 없었다.

입사 후 홍콩으로 첫 해외 출장을 떠나게 되었다. 바라던 대로 비행기를 타고 가서 해외 거래처와 미팅하고 비즈니스를 성사시키는 일을 하는 것이라 상상만으로도 가슴이 뛰었다. 계약 연장이라는 중요한 미션이 있었고, 임원과 동행했다. 미팅을 잘 마치고 저녁식사 후에 가라오케에서 술을 마셨다. 통역을 해야 하는 나는, 밥을 먹을 때나 술을 마실 때나 항상 회사 임원과 일본 기업의 책임자 옆에서 자리를 지켰다. 그들이 술에 취해서 말도 안 되는 소리를 무한 반복해도 얼굴 한 번 찌푸리지 않으며 분위기를 맞추려 노력했다. 성공적으로 계약을 연장한 후, 미션을 완수했다는 뿌듯함을 안고 회사로 돌아왔다.

후배 여직원이 조심스럽게 물었다.

"언니, 홍콩에서 무슨 일 있었어요?"

이유를 물으니 이런 답변이 돌아왔다.

"본부장님이 출장 갔다 와서 언니가 홍콩 가라오케에서 호스티스처럼 웃음을 팔았다고 직원들한테 말하고 다녀요."

뭐? 호스티스? 그게 내가 들어야 할 말이 맞는가? 내 일에 최선을 다했고 계약 연장에도 성공했는데 칭찬은 커녕 근거도 없이 험담을 늘어놓고 다니며 나를 모욕했다는 생각에 분노했다. 안 그래도 거래처에서 여자라고, 을이라고 함부로 막 대해서 받는 상처도 힘들었는데 조직 내부에서까지 푸대접을 받는다고 생각하니 너무 가슴 아팠다. 사람을 만나는 것이 두려웠고 도저히 영업 체질이 아닌가 보다 싶었다. 영업이 싫고, 사람을 만나는 것이 싫고, 힘없는 을이 정말 싫었다. 이 회사라면 더더욱 쳐다보기도 싫었다. 회사를 그만두었다.

정반대로 사는 사람, 힘 있는 바이어가 되고 싶었다. 그래서 의약품과 스포츠용품을 수입하는 무역회사의 수입바이어로 취직하여 미국과 유럽 기업을 상대하는 일을 했다. 그때는 한국이 지금보다 국력이 약한 시절이었다. 한국은 중국과 다를 바 없는 변두리 국가였고, 신용이 바닥이었다. 그래서 선금을 지급하고 제품을 사려 해도 거래를 트겠다는 회사가 드물었다.

지난한 나날이 이어졌다. 나는 매일 유럽과 미국 기업에 팩스를 보냈다. '우리 회사가 얼마나 당신 회사 제품을 사고 싶어 하는지 아느냐, 한국으로 제품을 수입하려면 국가에서 허가를 받아야 하니 자료 좀 보내 달라!' 문서를 작성하고 팩스를 보내고, 문서를 수정하고 팩스를 보냈다. 프린터기가 말썽을 피우는 날에도 팩스를 보내야 했고, 점심을 먹고 오면 또 팩스를 보내야 했다. 매일 반복적으로 처리해야 하는 사무실 팩스 업무는 정말 답답했다. 답변 없는 팩스 보내기에 더해 '대단한 사람인 줄 알았는데 별 볼일 없다'며 은근히 사람을 따돌리고 괴롭히는 남자 상사의 모욕적 언사가 나를 괴롭혔다. 회사를 그만두겠다고 다짐하던 날, 눈물 젖은 점심을 혼자 먹고 밤늦게까지 모든 자료를 다 준비해 두고 조용히 그 회사를 걸어 나왔다.

꽃을 자를 수 있어도 오는 봄을 막을 순 없다

여자가 조직에서 인정받는다는 것은 상상하기 어려웠고 버티기도 힘든 시절이었다. 냉대와 차별을 받을 때마다 예전에 보았던 영어 잡지 기사가 떠올랐다. 기사에서, 한 흑인은 교사가 되려고 눈물겨운 노력을 하다가 인종차별에 대해 이렇게 말했다. "흑인이 백인과 같이 선한 사람이 되려면 열 배의 노력이 필요하다."

여자도 마찬가지인 것 같다. 여자가 남자와 동일한 수준으로 인정받는 데까지는 열 배 이상의 노력도 모자라 보였다.

큰 기업은 여자라서 안 된다고 여기는 것 같았고, 작은 기업은 여자가 너무 잘나면 부담스럽다고 여기는 것 같았다. 이유가 어쨌든 여자는 도전적인 일을 맡길 수 없다. 어렵게 채용 기회가 주어져도 상사와 동료의 눈치를 보며 '여자'라는 이미지를 탈피하려면 피나는 노력을 해야 한다. 드라마 〈미생〉의 영이가 유창한 러시아어로 바이어와 통화하고, 미팅에 참석하여 유창한 영어 실력으로 협상을 이어갈 때 참 멋있다는 생각이 들었다. 그러나 그 멋진 모습 뒤에는 눈물겨운 노력과 남자 선배의 괴롭힘이 존재했다. 남자 선배는 영이에게 이유 없이 잡무를 시키고 영이는 묵묵히 맡은 일을 수행했다. 나는 영이가 꿋꿋이 이겨내기를 응원했고, 결국 영이는 살아남았다.

나는 당당하고 실력 있는 수많은 영이들이 나오기를 바란다. 진짜 강한 여자는 사람들이 뒤에서 험담할 때 조용히 있다. 자신을 향한 끊임없는 잡음을 몰라서 가만히 있는 게 아니다. 단지 그런 쓰레기 같은 일들에 에너지를 낭비하고 싶지 않을 뿐이며, 그녀가 해야 할 더 중요한 것이 있기 때문이다.

그런 영이의 담대함이 필요하다. 세계적인 동기부여 트레이너 브렌든 버처드는 저서 『두려움이 인생을 결정하게 하지 마라』에서 이렇게 말했다.

"사회적 억압이란 다른 사람들이 나의 영혼을 감금하고 내 잠재력을 질식시키는 것이다. 정신 차리지 않으면 타인의 목표가 우리의 목표를 대체할 수 있다. 남의 삶을 사는 것보다 더 큰 비극은 없다. 우리는 아부와 순응이 주는 안락과 개인적 자유를 향한 숭고한 갈망 사이에서 용단을 내려야 한다."

아직도 많은 사람들이 여자라는 이유로 도전을 포기하고 사회에 순응하며 살아야 한다고 끊임없이 종용한다. 때로는 공식화되어 있는 룰처럼 여자의 삶을 강요하고, 원하는 방식대로 살고자 하는 여자들을 끌어내려 꿈을 포기하게 만들려고 한다. 나는 행복한 삶을 이루기 위해 어느 누구도 응원하거나 지지하지 않는 외로운 길을 기기로 선택했다. 끊임없이 나를 불행 속으로 끌고 가려는 사람들을 경계하고, 의연하고 담대하게 나의 길을 걸어가기로 했다. 오직 꿈을 이루고자 주어진 오늘 하루를 묵묵히 최선을 다해 살아가기로 했다. 원하는 삶을 살려고 최선을 다한 오늘 하루는, 절대 나를 속이지 않으리라고 확신했다.

"당신이 모든 꽃을 다 자를 수는 있겠지만 결코 봄이 오는 것을 막을 수는 없다."

페루의 시인이자 노벨문학상 수상작가인 파블로 네루다의 말이다.

5

단지 가슴이 시키는 대로
선택할 뿐

그동안 익숙했던 '선생님'이라는 자리를 버리고 '김은주 씨'라는 완전히 새로운 자리를 찾아가는 도전이었다.

스물여섯 살이 끝나갈 무렵 3년간의 영어 학원 강사를 접고 다시 이력서를 만들어 해외영업에 지원하기로 했다. 그러나 3년 전이나 지금이나 변한 것은 없었다. 여전히 해외영업의 자격조건은 남자였다. 대부분 무역회사에서는 어학전공 여자를 선호했지만 해외 필드 요원이 필요해서 그런 건 아니다. 이런 사정을 알고 있었지만 가릴 만한 처지가 아니었다. 채용공고가 뜨면 지원서를 접수했다. 그렇게 몇 곳에서 연락이 왔다. 그런데 두 개 회사의 면접일이 겹쳤다. 공교롭게 시간도 비슷했다. 한 곳만 택해야 했다. 어디로 갈까? 일단 지하철을 타고 가면서 생각하기로 하고 집을 나섰다.

한 회사는 식품을 취급하는 무역회사였고, 다른 한 회사는 전자부품을 생산하는 제조회사였다. 식품 VS 전자부품, 무역회사 VS 제조회사를 놓고 질문을 던졌다.

"나는 10년 뒤에 어떤 사람이 되고 싶은 걸까?"

예컨대 쉽게 대체될 수 있는 사람에 머무를 것인가? 그건 아니다. 나는 함부로 대체할 수 없는 가치 있는 사람이 되고 싶다. '그가 아니면 안 된다'는 그런 사람이 되고 싶었다. 그런데 만일 대체 불가의 인력이 되려면 어떤 일을 택해야 하는 걸까? 누구나 할 수 있는 일이 아니어야 한다. 성장가능성이 있어야 한다. 자연스럽게 전자산업 분야의 일로 가닥이 잡혔다. 식품무역회사 면접을 포기하고 전자부품 제조회사로 향했다.

나는 면접관에게 담당업무가 해외영업이냐고 물었다. 답변이 애매했다. '국내영업을 하면서 해외영업을 하면 된다.' 무슨 말일까? 지금은 해외영업이 필요 없다. 다만 앞으로 해외 거래를 확대한다는 계획 아래 외국어를 잘하는 국내영업사원을 뽑으려고 했던 것이다.

전자산업은 앞으로 비전 있는 분야이므로 먼저 국내영업을 하면서 해외바이어를 개척하면 되겠다는 생각으로 일단 도전장을 내밀었다. 저 산에 바로 오를 수 없다면 둘러가는 길이라도 일단 걸어보며 등산로를 찾아보겠다고 다짐했다.

전자분야는 생소했다. 배우며 일해야 했다. 원치 않는 국내영업을 뛰어야 했기에 험난한 나날이 예감되었다. 하지만 오늘 밑바닥부터 기어간다면 앞으로 해야 할 모든 일이 지금보다 쉬우리라 생각했다. 그렇게 10년을 보고 가자고 다짐했다.

스티브 잡스는 스탠퍼드 대학의 졸업식 연설에서 이렇게 말했다.

"아무리 험한 길이라도 현재가 미래로 연결된다는 믿음이 여러분의 가슴을 따라 살아갈 자신감을 줄 것이다. 그리고 그것이 인생의 모든 차이를 만들 것이다."

미래에 대한 진지한 고민 없이 꽃길만 찾아 걷는다면, 현재의 선택이 보다 가치 있는 미래를 위한 투자라는 믿음이 없다면, 앞으로 겪게 될 모든 좌절이 그대로 절벽이 될 것이다. 왜 이 길을 선택했는지 강력한 'Why'가 없다면 단 하나의 장애물도 뛰어넘지 못할 것이다. 예쁘게 포장된 평지를 택할 것인가? 아니면 보이지 않는 그 어떤 길을 선택할 것인가? 지금의 선택이 미래를 위한 옳은 선택이라는 믿음으로 내게 주어진 모든 핸디캡을 감수하겠노라 다짐했다.

"머릿속으로 자신이 바라는 것을 생생하게 그리면 온몸의 세포가 모두 그 목적을 달성하는 방향으로 조절된다."

고대 그리스 철학자 아리스토텔레스의 말이다.

한때 나는 꿈을 잃고 방황했다. 꿈이 없는 삶이 얼마나 고통스러운지 혹독히 깨달았다. 긴 방황을 끝내고 다시 꿈을 찾았으니 이제 저 하늘의 별을 놓치지 않도록 잘 지키겠다고 다짐했다.

여정은 시작되었다. 내가 가고 싶은 최선의 선택이 없음을 받아들였다. 당장 원하는 길을 갈 수 없다면 길을 만들어가야 한다. 영어와 일어는 전혀 필요하지도 않고 인정받지도 못하는 작은 회사에서 국내영업을 시작하기로 받아들인 것이야말로 내 인생 전반전의 가장 훌륭한 선택이자 도전이었다.

회사 직원들은 영어강사 경력과 외국어 실력이라는 좋은 스펙을 내팽개치고 국내영업직으로 입사한 나를 이해하지 못했다. 그러나 나는 5년 동안 아래로 뿌리만 깊게 내리고 위로 성장하지 않는다는 '모죽'처럼 내공을 쌓을 준비를 했다. 사람들은 그런 나를 자신의 재능을 잘 모르는 사람, 커리어가 뭔지 모르는 사람으로 취급하기도 했다.

하지만 그 어떤 시선도 나를 흔들지 못했다. 꿈이 명확했고 버텨야 하는 이유가 충분했다. 외국어 실력에 전자기술 영업이라는 경험이 더해진다면, 보다 가치 있는 사람이 될 것이며 바라는 대로 대체 불가 인력이 될 것이라고 확신했다.

나는 살아가며 수많은 선택의 순간을 맞이해야 했다. 그 선택의 순간마다 인생의 방향이 명확했기 때문에 후회는 내 몫이 아니었다. 기로에 놓일 때면 가족이나 친구의 조언이 아니라 가슴이 시키는 대로 따랐다. 가슴은 이미 원하는 것을 알고 있었다. 단지 가슴이 시키는 대로 선택할 용기가 필요할 뿐이었다.

6

하이힐 신고
납품하는 여자

학원 강사를 그만두고 새롭게 입사한 전자회사에서 국내영업을 시작하면서 스스로에게 가장 많이 주문했던 것이 '좋아하는 일만 할 수 없다'였다. 대신 내가 가진 최대의 장점을 끌어올리는 데 주력했다. 나는 필드를 사랑했고, 또 필드에서 뛸 때 가장 나다웠다.

나는 이 회사와 묘한 인연이 있었다. 이 회사는 내 꿈과 가까이 있는 최초의 회사였고, 해외영업의 가능성을 엿보게 해준 회사였으며, 동시에 결코 받아들이기 힘든 온갖 오해와 갈등을 겪은 곳이기도 했으며, '호스티스 같다'는 험담을 듣고 시표를 던진 회사이기도 했다. 그리고 몇 년의 시간을 돌아 출산과 육아로 경력이 단절되었을 때 다시 나를 불러준 곳이기도 했다.

아이를 기르며 나는 다시 사회에 돌아갈 준비를 했다. 오라는 곳은 없었지만 임신 중에도 하루 여섯 시간 이상 영어와 일어 스킬을 다듬었다. 이미 그 무렵에는 제법 사회생활에 인이 박혀서 두려울 게 없었다.

그러나 경력 단절 여성에게 입사는 쉽지 않은 관문이었다. 여러 곳에 지원서를 보냈지만 연락이 오는 곳은 없었다. 이제는 결혼까지 한 아이 엄마가 되었기 때문에 객관적으로 게임에서 더 불리한 상황에 처했다. 모든 것을 각오해야만 했다. 채용공고가 나오면 마감 시간을 놓치지 않으려고 밥상을 물리고 퀵 서비스를 불러 이력서를 보내기도 했다. 그러나 휴대폰은 조용했다. 900점에 가까운 토익점수도 별 효과를 발휘하지 못했다.

그러던 어느 날, 인연 깊은 그 회사에서 함께 해외업무를 했던 직장상사에게 연락이 왔다. 다시 일할 수 있느냐는 용건이었다. 어떤 일인지 물으니, 대형 고객사인 삼성전자의 영업 담당자라고 했다. 이번에도 국내영업이었지만 삼성전자를 상대하는 일이었고, 또한 국내영업을 수행하면서 해외영업의 길을 열 수 있겠다고 판단했기 때문에 조건을 수용하고 일을 시작했다. 새 출발을 하면서 가장 먼저 중고 경차 한 대를 뽑았다. 국내 고객사에 영업하러 다니려면 차가 꼭 필요했는데 회사에서 차량을 제공해주지 않았기 때문이다.

그런 불리한 조건을 모두 받아들이고 다시 사회로 돌아갔다. 그러나 여전히 삶의 방향을 잃지 않았고 나침반은 해외영업을 향하고 있었다. 이번 복귀도 하나의 과정일 뿐이었다. 다만 전과 다른 점이 한 가지 있었는데 나의 마음가짐과 태도였다. 영업을 하는 과정에서 겪게 될 모든 정신적, 육체적 스트레스를 내 일의 일부로 여기고 100퍼센트 그대로 수용하기로 작심했다. 목표를 달성하는 과정에서 수반되는 모든 정신적인 스트레스와 부딪침이란 결국 가슴 뛰는 일을 한다는 기쁨과 목표를 이루었을 때의 성취감과 떼려야 뗄 수 없는 관계였다.

삼성전자의 영업담당자로 국내영업을 다시 시작한 나는 영업을 하면서 동시에 납품도 해야 했다. 규모가 큰 회사라면 영업사원과 납품사원이 달랐겠지만 우리는 그럴 만큼 시스템이 갖춰진 조직이 아니었다. 내 애매한 직무는 차림새에서 잘 드러났다. 하이힐 신고 물건 납품하기.

굽 높은 구두를 신고 작은 경차에 납품할 박스를 가득 실은 뒤 납품창고 인근 게이트에 하차한다. 카트를 끌고 와서 내 키보다 높이 박스를 차곡차곡 실은 뒤 납품담당자를 만나 업무를 완료한다.

납품이 있는 날은 일부러 길을 돌아갔다. 어쩌다 아는 사람이라도 마주치면 무척 창피할 것 같았다. 하이힐을 신고 낑낑대며 납품을 마치고 나서 미팅 시간에 맞춰 삼성전자 담당자를 만나러 뛰어가곤 했다.

어느 날 납품을 하다 구매책임자와 마주쳤다. 창피한 마음에 어색한 인사를 남기고 서둘러 지나쳤다. 다음 번 미팅에서 그는 부하직원 앞에서 나를 '여장부'라고 칭찬하며 이렇게 덧붙였다. "김은주 과장님 잘 도와드려요."

더 이상 경차에 실을 수 없을 만큼 납품수량이 늘기까지 3년 동안, 영업과 납품을 모두 묵묵히 처리했다. 단 한 번도 여자이기 때문에 힘들다고 불만을 토로한 적도 없었고, 항의하지도 않았다. 스스로 다짐한 대로 모든 책임과 의무를 감당하려고 했다.

물론 하이힐을 신고 납품할 때마다 지금 이곳이 해외 어느 회사의 물류창고였으면 하고 바랄 때도 있었다. 그럴 때마다 꼭 '비행기에서 노트북을 켜고 일하면서 세계를 뛰는 글로벌 비즈니스맨이 될 거야'라고 장래 어느 날을 생생하게 그리며 다짐하곤 했다. 그리고 놀랍게도 꿈은 머지않아 이루어졌다. 어느 날 비행기를 타고 해외출장을 가던 길에 노트북을 들여다보다가 문득 하이힐을 신고 카트를 끌던 기억이 떠올랐다. 그리고 생각은 자연스레 '이곳이 해외였으면'하고 바라던 그 순간으로 옮아갔다.

"포기만 하지 않는다면 누구나 일어설 수 있습니다. 두 팔과 다리가 없는 제가 일어설 수 있다면 팔다리가 있는 여러분은 훨씬 놀라운 일을 할 수 있을 것입니다."

희망전도사 닉 부이치치의 말이다.

여자가 하이힐 신고 납품하는 것은 단지 불편할 뿐 불가능한 것은 아니다. 불편은 나를 더 특별한 사람으로 만들어주었다. 내가 하고자 하는 것을 세상이 만들어 주지 않는다면 스스로 만들면 된다고 믿는 사람으로 바꾸어주었다. 왜 세상이 기회의 문을 열어줄 때까지 앉아서 기다리는가?

소설가이자 사상가인 톨스토이는 "모든 사람들은 세상을 바꾸겠다고 생각하지만, 어느 누구도 자기 자신을 바꿀 생각은 하지 않는다"라고 말했다. 세상을 바꾸는 것보다 자기 자신을 바꾸는 것이 쉽고 빠르다. 간절히 이루고 싶은 것이 있다면 그들의 시선이 달라지길 기다리지 말고 엉덩이를 떼고 저 높은 빌딩의 첫 계단에 발을 내디디면 좋겠다. 꼭 오르고 싶은 산이 있다면 설사 하이힐이 아니라 맨발이라도 무슨 상관이랴.

7

진창에서 허덕이거나
꽃이 피거나

지진을 예감하면 짐승들이 산을 버리고 달아나듯이 망하기 직전의 회사 역시 내부 직원이 먼저 도망친다.

출산과 육아 후에 다시 일을 시작한 회사는 악화일로에 있었다. 거래처에서 대금결제를 요청하는 전화가 하루에도 수십 통씩 걸려왔다. 회계 책임자는 독촉전화에 시달리다 사라지고 월급을 걱정하던 직원들은 회사를 떠나는 심각한 상황이었다.

가만 보면 나는 일종의 구원투수로 영입된 셈인지 몰랐다. 전화벨이 요란히 울리던 그날도 나는 회사를 나서며 내가 할 일이란 매출을 올리는 일밖에 없음을 잘 알고 있었다.

삼성전자 구매담당자는 잘 만나주려 하지 않았다. 회사 이미지가 워낙 나빴다. 그날 나는 담당자를 어렵게 만나 왜 우리 물건을 더 사지 않는지 물었다. 세 가지가 문제였다. 가격이 비싸고 서비스도 나쁘다. 무엇보다 고객만족도가 낮았다. 그래서 신규 프로젝트에서 계속 배제되고 있었다. 그가 말했다.

"지금 거래금액이 너무 적어요. 정리대상업체로 구분되었다는 말입니다. 조만간 벤더 코드도 없어질 수 있습니다."

벤더 코드가 사라진다는 말은 납품을 더 이상 안 받겠다는 뜻이었다.

"거래가 거의 없는 협력회사를 정리하기로 회사 내부에서 방향을 수립했어요. 곧 실행될 예정입니다."

누구를 탓하겠는가. 지금까지 고객사를 제대로 관리하지 못한 결과였다.

아무런 답을 줄 수 없는 회사 상황을 잘 알고 있었다. 구매담당자에게 어떻게 해야 살아남을 수 있는지 알려달라고 부탁했다.

"개발담당자들을 열심히 만나서 신규로 개발하는 프로젝트에 참여할 수 있는 기회를 많이 만들어 보세요."

그의 조언대로 일주일에 삼사 일씩 삼성전자로 출근해서 하루 종일 구매, 개발, 기술, 품질 등 수없이 많은 담당자들을 만나 미팅을 했다. 중요한 프로젝트 담당자가 바쁘다며 미팅을 거절하면 회의실에서 몇 시간씩 무작정 기다리기도 했다. 갑자기 샘플을 요청하는 전화가 오면 고속도로를 달리다가도 다시 회사로 돌아와 24시간 이내에 샘플을 전달했다. 무엇보다 삼성전자 담당자들이 무엇을 원하는지 경청하고, 그들의 요청사항을 회사에 정확히 전달하여 최대한 반영하려고 노력했다.

그 때문이리라. 우리 회사는 신 모델 개발 프로젝트에 하나씩 참여할 수 있게 되었다. 더 이상 만날 사람이 없어서 무작정 기다리며 방황하지 않아도 되었다. 나를 찾는 삼성전자 담당자가 점점 늘어 하루 종일 삼성전자에서 미팅을 하다 퇴근하기도 했다.

여름이 지나고 겨울이 다 가도록 삼성을 향한 나의 적극적 구애는 식지 않았다. 우리의 삼성전자 매출액은 매년 두 배씩 성장했다. 처음 이 일을 맡을 때만 해도 연매출 6천만 원이었는데 7년이 지나는 동안 연매출은 60억 원까지 껑충 뛰었다.

7년이 지난 후 우리는 더 이상 거래처의 결제 독촉에 시달리거나 직원들의 월급 걱정을 하지 않아도 되었다. 경영은 안정화되었고, 직원들의 표정에는 여유가 생겼다.

그런데 뜻하지 않은 함정이 나를 기다리고 있었다. 회사를 위해 앞만 보고 달리던 나는 경영자에게 인정을 받았으나 다른 영업사원들의 시기와 질투가 시작된 줄은 꿈에도 몰랐다. 공격 방법은 저열했다. 그들은 나의 자질이나 능력이 아니라 내가 여자라는 것과 아이 엄마라는 것을 물고 늘어지며 나를 비난했다. 세상에서 가장 거룩한 이름, '엄마'라는 이름이 모욕당하는 것은 참기 힘들었다.

순진했던 건가? 열심히 뛰면 동료들이 박수쳐 주리라 믿었던 것 같다. 전기전자 전공자가 아님에도 불구하고, 여자임에도 불구하고, 더구나 아이 엄마임에도 불구하고 눈물겨운 노력으로 모든 핸디캡을 극복하고 거둔 100배 성장이라는 성과가 오히려 그들에게 좌절감을 안겨줄 만한 사유가 되고 말았다. 그들은 이 모든 성과가 때로는 사랑하는 가족을 방치하고, 더 좋은 엄마와 아내가 되지 못하는 것을 얼마나 가슴 아파하며 이룬 것인지 절대 알지 못했다.

얼마 전 매주 참석하는 경영자 모임의 한 강연회에 서울대 심리학과 최인철 교수가 강사로 나섰다. 그는 그 자리에서 '기부를 하는 사람을 비난하는 사람들이 있는데 기부를 하는 사람이 기부를 하지 않는 자신들에게 죄책감을 들게 하기 때문'이라고 말했다. 가슴 아픈 수긍을 이끌어내는 말이었다. 좋은 성과를 낼 수 없다면 좋은 성과를 내고 있는 사람을 주저앉힘으로써 자신들의 저조한 성적을 위안받으려는 그 받아들이기 힘든 심리라니. 그 와중에 조직은 함께 성장하는 것이 아니라 함께 망하는 길로 향한다.

진정한 영웅은 스파이더맨처럼 벽을 타거나 하늘을 날아다니는 존재가 아니라 역경과 절망 속에서 일어서는 보통사람들이다. 이 세상은 타인의 비난을 감수하면서 사회 전체의 성장과 발전을 위해 자기신념을 잃지 않은 사람들에 의해 발전한다고 믿는다.

이제 더 이상 남이 나를 어떻게 평가하는지 신경 쓰고 싶지 않다. 내가 무슨 일을 하든 그들의 비위에 맞지 않다면 나는 또 말도 안 되는 이유로 비난을 받을 것이다.

"삶을 이끄는 것은 당신 자신이다. 진창에서 허덕일 것인가 꽃처럼 활짝 피어날 것인가는 언제나 당신 손에 달려 있다. 당신의 삶에 가장 큰 영향을 끼치는 단 하나의 존재는 바로 당신 자신이기 때문이다."

오프라 윈프리는 많은 이름을 얻었지만 아마도 그가 가장 먼저 손에 넣은 이름은, 자기 이름 여섯 글자였을 것이다.

2부

직업은
소명이 되고
선물이 된다

출산으로 잠시 일과 멀어졌던 나는 2002년 국내영업자로 회사에 재입사했다. 해
외영업을 하고 싶은 마음에 남들보다 한 걸음 더 뛰기로 마음먹었다. 비록 결혼도
하고, 아기도 낳았지만 일에서만큼은 누구보다 욕심이 많았다. 이전에도 몇 차례
의 해외 출장이 있었으나 글로벌 비즈니스를 위해 처음 비행기를 탄 것은 2004년
이 처음이었다.

1

도저히 안 된다고
주저앉을 때 답이 보인다

　국내시장 매출이 급성장해 경영이 안정세에 접어들자 나는 해외시장으로 뛸 준비를 했다. 물론 내 꿈 때문만은 아니었다. 회사가 경영 위기에 처해 있던 주된 이유 가운데 하나가 국내시장에 대한 지나치게 높은 의존도 때문이었다. 국내 매출이 거의 전부였던 우리 회사는 IMF 경제위기로 국내 고객사들이 무너지기 시작하자 매출 곡선이 급강하했다. 한국 경제에 대한 막연한 기대감으로 국내에 안주했던 기업들이 줄줄이 도산하며 사라지던 시절이었다. 같은 실패를 반복하지 않으려면 기업이 잘나갈 때 더 뛰어야 한다. 해외진출은 선택의 문제가 아니었다.

　해외시장 개척의 첫 번째 목표국가로 일본을 선정했다. 사람들은 고개를 갸웃했다. 당시 일본은 전자 분야에서 세계 최고 수준의 기술력을 보유하고 있었다. 한편 중국은 가격경쟁력을 바탕으로 한국을 맹렬하게 추격하고 있었다. 앞을 보나 뒤를 보나 결코 만만한 상대는 없었다.

시장조사를 해보니 한국의 경쟁사 중에도 아직 일본 시장 진출에 성공한 곳이 없었다. 일본 시장은 일본 대형 기업들의 앞마당이었다. 나는 이를 긍정적 신호로 받아들였다. 한국 경쟁사가 아직 진출하지 못했다면 우리에게 기회가 될 수 있다고 믿었다. 왜냐하면 최소한 중국이나 국내 기업과는 경쟁할 필요가 없다는 얘기였으니까. 제2차 세계대전을 승리로 이끈 영국의 총리이자 정치가인 윈스턴 처칠은 "비관주의자는 어떤 기회 속에서도 어려움을 보고, 낙관주의자는 어떤 어려움 속에서도 기회를 본다"라고 말했다.

당시 우리 회사는 소량이지만 한국 고객사를 통해 일본의 유명한 카오디오 전문기업인 알파인에 제품을 공급하고 있었다. 하루는 한국 고객사와 알파인의 구매책임자가 함께 우리 회사를 방문했다. 나는 통역으로 미팅에 참석했다. 처음, 알파인의 구매 책임자는 우리 회사와의 직거래에 관심이 있었으나 우리 회사에 해외영업을 담당할 적임자가 없어 직거래가 불가능하다고 판단했다. 그런데 내가 통역을 한 후에 나를 적임자라고 생각했던 것 같다. 그는 내가 삼성전자의 영업을 담당하고 있으며, 전자 분야에 대한 전문지식을 보유하고 있고, 기술영업 경험이 있고, 일어가 유창하다는 점을 높게 평가하며 직거래에 긍정적인 반응을 보였다. 하지만 일본 알파인이 요구하는 수준은 회사의 체질을 바꿔야 할 만큼 도전적인 것이었다.

한국 최고를 자부하는 삼성전자의 영업담당을 오랫동안 해온 나에게도 알파인이 요구하는 기준은 매우 높았다. 더구나 자동차 분야는 전자 분야보다 훨씬 더 까다로운 기술적 특성 때문에 알파인 엔지니어의 질문은 매번 나를 어려움에 빠뜨렸다. 극심한 스트레스를 받았고 만성 두통에 시달렸다. 그렇게 1년여 동안 힘든 과정을 거치며 제품 테스트와 기업 감사를 성공적으로 마치고 직거래를 텄다.

일본 알파인의 해외영업 담당자가 되던 날 나는 든든한 베이스캠프를 차린 것 같은 기분에 휩싸였다. IT 전자와 자동차, 한국과 일본의 비즈니스를 모두 경험했기 때문에 일본 시장의 문을 본격적으로 두드릴 수 있겠다는 자신감이 생겼다. 여러 강점과 기회 요인을 분석한 후, 가장 보수적이고 진입이 어렵다는 카오디오 전문기업들을 타깃으로 삼아 일본 공략에 나섰다.

10분에 올인하다

코트라(한국기업의 수출을 지원하는 공공기관)는 일본 공략의 파트너였다. 나는 코트라를 통해 일본 내 잠재고객사를 찾았다. 이 가운데 규모가 크고 인지도가 높은 몇 곳의 회사를 리스트에 올리고 먼저 카오디오 전문기업인 켄우드를 접촉하기로 마음먹었다. 담당자 연락처는 코트라를 통해 어렵게 구했다. 전화를 걸었다. 그러나 회의 중이거나 자리에 없어서 통화는 계속 불발이었다. 수십 번 전화 끝에 간신히 전화통화가 성사되었다. 주어진 시간은 몇 분일까? 나는 아이스브레이킹을 생략하고 우리 회사부터 소개했다. 우리 회사 제품의 경쟁력, 일본 시장에 공급한 실적과 삼성전자와 같은 한국 대기업과 거래하고 있다는 점 등을 강조했다.

시계를 보니 30분 정도 혼자 떠든 모양이다. 일본 담당자는 한참 듣더니 "스고이데스네(대단하네요)"라고 했다. 무엇이 대단한 걸까? 무례하게 30분이라는 중요한 시간을 빼앗은 나의 태도 때문인가? 아마도 사전 연락 없이 회사 소개에 열을 올리는 사람이 있다는 사실에 놀랐던 게 아닌가 싶다. 그는 자신의 이름과 전화번호를 어떻게 알았느냐고 물었다. 보수적인 일본 기업의 담당자들은 자기 이름과 연락처가 공개되는 것을 별로 좋아하지 않았다. 나는 공공기관인 코트라의 도움을 받았다고 안심시키고, 이메일 주소를 알려주면 자세한 정보를 보내겠다고 제안했으나 보기 좋게 거절당했다. 몇 달 뒤, 일본에서 개최되는 대규모 수출상담회에서 켄우드의 다른 구매담당자를 만났으나 긍정적 논의는 이루어지지 않았다. 답보 상태가

이어졌고, 고민도 깊어졌다.

하루는 켄우드 담당자가 국내 거래처에 다녀간다는 소식을 접했다. 거래처와 기술미팅이 있었던 모양이다. 이건 우리에게 기회일까, 아닐까?

한번 잡아보자는 데에 사장님과 의기투합했다. 우리 회사의 기술적 우위를 설명하는 기회는 하늘에서 뚝 떨어지지 않는다. 결례를 무릅쓰고 우리는 다른 회사의 미팅 자리에 찾아가 켄우드 엔지니어를 만났다. 그는 시계를 들여다보더니 10분 정도 시간이 괜찮다며 우리에게 흥미를 보였다. 나는 시계를 옆에 놓고 사장님에게 신호를 보냈다. 엔지니어인 사장님이 떨리는 목소리로 우리 기술의 매력을 전달하기 시작했다. 나는 단 하나의 단어도 놓치지 않기 위해 초집중 상태에 들어갔다. 그러나 긴장하지는 않았다.

10분은 훌쩍 지났다. 켄우드 담당자는 지금 어떤 기분일까? 표정 변화 없는 그에게 명함을 요청했다. 마침 가진 명함이 없었던 모양이다. 아니면 주기 싫었거나. 그러거나 말거나 나는 국내 회사 직원에게 켄우드 엔지니어의 명함이 있으면 카피해 달라고 부탁한 뒤 단도직입적으로 물었다.

"일본으로 가면 만나주시겠습니까?"

그는 짧게 '좋다'고 답했다.

그리고 방문한 일본 켄우드 본사 회의실에는 개발, 품질, 구매 등

10여 명의 업무 담당자들이 모여 있었다. 나는 그런 대접을 받을 것이라고 기대하지 못했는데 호의적인 대응에 깜짝 놀랐다. 그 미팅에는 몇 달 전 내게 스고이데스네를 외쳤던 켄우드 구매담당자도 동석했다. 협상으로 가는 시동이 걸렸다.

그 후 2년간 업무 협의와 제품 테스트를 거친 끝에 켄우드와의 거래가 성사되었다. 첫 연락으로부터 3년이 지난 시점이었다. 수출 규모는 연간 500만 달러였다. 그로부터 내가 이 회사를 퇴사하기까지 총 3년간 나는 켄우드의 영업을 담당하며 1500만 달러의 수출실적을 달성하였다.

"때를 놓치지 마라. 사람은 이것을 그리 대단치 않게 여기기 때문에 기회가 와도 그것을 잡을 줄 모르고 불평만 한다. 기회는 누구에게나 온다."

미국의 강철왕 앤드류 카네기의 '기회론'이다. 기회는 엘리베이터 문이 닫히는 그 찰나의 순간에 문 너머로 슥 지나간다. 누가 그 문틈을 들여다보고 있느냐, 손을 뻗어 닫히는 문을 열 수 있느냐에 모든 게 달렸다.

2 /

고생이 더해질 때마다
가야 할 곳이 뚜렷해졌다

나라고 예외랴. 누구나 처음은 두렵기 마련이다.

2007년 시장 개척을 위해 미국에 갔을 때다. 유럽, 일본, 동남아시아 출장은 자주 다녔지만 미국 출장은 처음이었다. 미국 비자를 받기가 힘들 때였다. 비자 발급에 필요한 서류가 완벽해도 인터뷰에서 탈락하는 사례가 흔했다. 다행히 수출상담회에서 만난 미국 바이어에게 받은 초청장이 있어 한 번에 심사를 통과했다. 그러나 2차전이 기다리고 있었다. 많이 완화되었다지만 미국 입국심사는 까다롭기로 유명했다.

시장개척 지원을 위해 코트라가 앞장서고 여러 기업체 사람들이 뒤따르며 미국행 비행기에 몸을 실었다. 아까부터 궁금한 참에 코트라 담당자에게 물었다.

"만약 입국 심사관이 왜 미국에 왔느냐고 하면 뭐라고 대답할까요?" 담당자는 대수롭지 않다는 듯이 미소를 지으며 말했다. "요즘은 심사가 까다롭지 않으니까 그냥 '투어'라고 하세요." 그러나 샌프란시스코 공항에서 입국심사를 기다리는 인파를 보자 덜컥 겁이 났다. 마침 입국심사관 중에 동양인이 보였다. 한국인일까? 한국교포라면 까다롭게 굴지 않으리라. 줄을 갈아탔다. 그런데 입국심사관 이름을 보자마자 심장이 덜컹했다. 심사관 이름은 '사카이'였다. 일본계 미국인이었다. 그가 물었다.

"왜 미국에 왔습니까?"

"여행하러 왔어요."

"무엇을 관광할 계획인가요?"

미국 출장 직전까지 급한 일을 처리하느라 짐도 제대로 싸지 못해서 친정어머니 도움으로 겨우 가방을 꾸려서 허둥지둥 공항으로 달려간 데다가 출장 전에 처리해야 할 사무를 붙들고 있느라 샌프란시스코가 뭐하는 곳인지 찾아볼 여유가 없었다.

입이 궁색한 그 순간, 문득 샌프란시스코에 큰 다리가 있다는 말이 떠올랐다.

"크고 긴 다리를 보려고 합니다."

역시나 대답이 이상했던 모양이다. 그는 나를 흘깃 쳐다보더니 샌프란시스코에 친척이나 친구가 있느냐고 물었다. 아는 사람은 없다고 하자 그는 가만히 나를 쳐다보았다. 조짐이 이상했다. 이실직고가 답이리라.

"사실은 관광이 아니라 비즈니스 때문에 왔습니다."

그때부터 취조처럼 느껴지는 심사관의 질문이 이어졌다. 어느 회사에 다니느냐, 무엇을 하는 회사냐, 어떤 고객사와 일을 하느냐 꼬치꼬치 캐물었다. 크고 긴 다리는 몰라도 우리 회사 일이라면 답변을 못할 리가 없었다. 그러나 그는 여전히 의심스러운 눈초리를 거두지 않았고 질문은 집요했다. 내 말은 이미 신용을 잃었고, 안타깝게도 나를 증명해줄 미국 바이어의 초청장은 수하물로 부쳤다.

심사관은 앞으로는 거짓말을 하지 말라고 또박또박 말했다. 종종 미국식의 이런 어법은 나를 헷갈리게 만든다. 보통 한국식 어법이라면 이 말은 '이번만은 봐줄 테니 다음부턴 그러지 마라'는 의미로 들린다. 그러나 그는 통과 도장을 찍어주는 대신 손을 들어 어딘가를 가리켰다. 그가 가리킨 곳은 심층 인터뷰 룸이었다. 몇 명의 아시아계 여성들이 대기하고 있었다. 2차 인터뷰를 기다리는 동안, 걱정은 산더미처럼 커졌다. '입국이 거절되면 어떻게 하지? 만약 추방되면 어떻게 한국으로 돌아가지?'

내 차례가 되자 새로운 심사관은 어디에 묵을 예정인지 물었다.

등허리로 식은땀이 흘렀다. 이번 출장은 그저 시장개척단의 일원으로 따라오느라 호텔 정보 따위를 세심히 체크하지 못했다. 출장 관련 자료는 몽땅 짐으로 붙였는데 무슨 수로 이 위기를 탈출해야 할까? 문득 코트라 담당자가 비행기 안에서 호텔 이름과 전화번호를 적어 준 쪽지가 떠올라서 심사관에게 쪽지를 건넸다.

심사관은 호텔로 전화를 걸어 '김은주'라는 사람이 예약자 명단에 있는지 물었다. 그러나 전화를 끊는 심사관의 표정이 이상했다. 아마도 내 이름이 없다는 답변을 들은 모양이었다. 나는 더 이상 아무 말도 하지 못한 채 한참을 앉아 있었다. 내 신분을 객관적으로 증명할 수 없다면 그들의 처분을 받아들일 수밖에 없다고 생각했다. 기대를 접는 심정으로 그에게 말했다.

"나는 그룹 리더를 따라왔을 뿐입니다."

잠시 후, 그가 내 여권에 '꽝' 하고 도장을 찍었다. 입국 거절 도장인가 보다 하고 확인했는데, 허가 도장이 찍혀 있었다. 무척 놀랍고 고마운 마음에 심사관에게 허리 숙여 '땡큐'를 남발하고 인터뷰 룸을 서둘러 빠져나왔다.

이젠 놀랍지도 않았다. 트렁크를 찾아 세관검사를 받으려니 여권에 뭐라고 표기가 되어 있는지 세관직원은 유독 내 트렁크를 샅샅이 뒤졌다. 세관신고서가 마지막 절차였다. 서류에는 소유한 돈의 액수를 표기하는 칸이 있었다. 마침 입국심사관에게 들은 말이 떠올랐다. '앞으로는 거짓말을 하지 마세요.' 혹시나 기억이 잘못되면 곤란하니 출장비를 다시 확인하자. 봉투에서 지폐를 꺼내 세기 시작했다. 그런데 세관직원의 눈에 이 모습이 어떻게 보였던 걸까?

그는 "그것은 좋은 생각이 아닙니다"라고 말했다.

'그것'이란 '뇌물'을 의미하는 말이리라. 나는 화들짝 놀라 돈을 봉투에 쑤셔 넣었다.

입국심사를 마치고 밖으로 나오자 다리가 후들거렸다. 놀란 가슴은 서러움으로 옮아갔다. 공항 바닥에 주저앉아 한참을 엉엉 울었다. 공항에서 호텔로 이동하는 내내 울음이 멈추지 않았다. '누가 알아주는 것도 아닌데 왜 고생을 사서 하는 거야, 이 바보야!'

10년간 세계 200여 국을 여행한 『쓸모없는 짓의 행복』의 저자 크리스 길아보는 지난 10년의 여행기간 동안 때로는 비행기를 놓치거나, 공항에서 밤을 꼴딱 새우거나, 강제추방을 당하기도 했다. 그럼에도 불구하고 이런 힘든 여정을 포기하지 않은 이유를 이렇게 말했다.

"저에게 이 모든 것은 단순한 여행이 아니에요. 임무, 즉 퀘스트입니다."

세계 모든 나라를 하나도 빠지지 않고 돌아보는 일은 그에게 인생의 목표이자 임무였고, 그런 경험을 통해 어떤 것도 자신을 막을 수 없다는 용기와 자신감을 배웠다고 한다.

그는 여행을 하며 수많은 동지들을 만났다. 타인의 냉담한 시선에 개의치 않고 인생의 의미를 찾기 위해 묵묵히 여행을 다니며 행복감을 느끼는 사람들이 자신 말고도 많았다.

"남들이 비웃고 무시해도 상관없어요. '쓸모없는 짓'으로 불려도 괜찮아요. 임무는 우리의 삶에 의미와 만족감을 가져다 줘요."

사람들에게 해외시장을 개척하고자 전 세계를 다녔다고 말하면 그들은 눈을 동그랗게 뜬다. 맛있는 음식 맘껏 먹고, 세계적 명소에 방문할 수 있어서 부럽단다. 차마 말하지 못한 내 '쓸모없는 짓'에 대해서는 아무도 알지 못한다. 공항 바닥에 뿌렸던 눈물과 의지할 데 없는 이방인의 심정을 그들은 알지 못한다. 어떤 사람은 내 주머니 사정까지 다 알고 있다는 듯이 이렇게 말한다.

"그렇게 능력도 있고 전 세계를 다니며 일하니까 연봉이 엄청 많겠네요. 그 돈을 다 어디다 써요?"

부자는 내가 아니라 회사가 되는 것이 정상이겠다. 이런 오해들을 자주 경험하다 보니 나는 차마 바보짓과 쓸모없는 짓을 입 밖에 꺼내지 않는다.

대신 숱한 고생들은 고스란히 내 안에서 하나의 거대한 방향성을 이루고 있었다. 하나의 고생이 더해질 때마다 내가 가야 할 곳이 더욱 뚜렷해졌다.

파울로 코엘료의 『알레프』에는 이런 멋진 말이 있다.

"우리가 무언가를 찾고 있다면, 그 무언가 역시 우리를 찾고 있다."

누군가에게는 쓸모없고, 바보 같은 그 고생은 마치 자석처럼 목표를 끌어당겨준다.

3

기적은 당신의 선택을
기다린다

린드버그가 뉴욕에서 파리까지 대서양 단독비행에 도전했을 때, 젊은이의 무모한 치기라고 폄하하는 사람도 제법 많았다. 당시의 비행기는 엔진과 날개, 바퀴 등 아주 기초적인 뼈대만 붙어 있는 실험 수준의 기계였다. 하지만 린드버그는 스물다섯 살의 나이에 인류 최초로 대서양횡단 비행에 성공했다.

세월이 흐른 어느 날, 린드버그는 박물관에 기증한 옛 비행기 '세인트루이스 정신'을 다시 찾았다. 그는 고물이 된 기체를 한참을 들여다보더니 노인다운 의구심에 가득 찬 얼굴로 이렇게 말했다.

"내가 어떻게 저 비행기로 대서양을 횡단할 수 있었는지 도무지 이해할 수 없군요. 고도계와 계기판이 하나도 없는 상태에서는 도저히 불가능한 일이었을 텐데 말입니다."

린드버그는 잠시 뜸을 들인 후 고개를 절레절레 저으며 같은 말을 되풀이했다.

"내가 어떻게 이 비행기를 몰고 대서양을 건넜는지 도저히 설명할 방법이 없군요."

나이가 들어서야 그는 자신을 만류했던 비평가들의 이야기를 납득한 것인지 모른다. 노인은 다음 계단이 보여야 한 걸음 내딛는 법이다. 그러나 젊은이는? 절벽 위에서도 몸을 사리지 않는 무모함을 갖고 있다.

『그릿』의 저자 안젤라 더크워스는 "'난 여기까지야'라고 말하지 마세요. 우리는 누구도 갈 수 있는 한계까지 가보지 못했어요"라고 말했다. 안젤라 더크워스의 아버지는 어렸을 때부터 기운 빠지는 이야기를 던졌다.

"넌 재능이 없는 아이야. 재능이 없다면 평생 성공하지 못한다고."

그때마다 그녀는 "제가 성공하지 못한다면 재능이 없어서가 아니라 중간에 포기했기 때문일 거예요"라고 응수했다.

실제로 많은 사람들이 한계에 부딪쳐서 포기하기보다는 스스로 정한 마음의 벽 앞에서 주저앉는다.

드라마 〈도깨비〉에서 주인공 도깨비는 한 소년을 도와준다. 이

소년은 자신을 입양한 양부모의 폭행을 피해 가출했다. 소년이 죽는 마지막 순간, 도깨비와 소년은 다시 만난다. 그때 도깨비가 이렇게 말한다.

"17번 문제는 답이 4번이라고 가르쳐줬는데 2번이라고 선택했더라."

"저는 아무리 풀어도 답이 2번이었어요."

"너의 삶은 너의 선택만이 정답이다. 나는 수많은 사람에게 샌드위치를 건넸다. 하지만 사람들은 그 기적에서 머문다. 그리고 기적을 맡겨놓은 것처럼 또 한 번의 기적을 기다린다. 하지만 너는 기적을 만난 후에 너의 삶을 선택했고, 그래서 나는 항상 너를 응원했다."

사람은 기적을 바라지만 기적은 당신의 선택을 기다린다.

대학시절 나는 어떤 인생을 살고 싶은지 스스로 끊임없이 물었다. 갑상선 호르몬 이상과 결핵을 앓는 동안에도 '이건 내가 하고 싶은 일을 하지 못했기 때문에 내 몸이 내게 내린 벌이야'라고 생각하며 낫고 나서 해야 할 일을 기획했다. 만원 지하철에 서서 사전을 들여다보며 3개 국어를 마스터할 때도 내 눈은 사전 너머의 그 나라들을 보곤 했다. 여자라서 안 된다는 얘기나 시집이나 가라는 얘기도 귀에 딱지가 앉을 만큼 징그럽게 많이 들었고, 결혼한 뒤에는 애 엄마가 뭘 할 수 있느냐는 시선도 감내해야 했다. 더욱 안타까운 일은

나에게 샌드위치를 건네주는 도깨비조차 만날 기회가 없었다는 점
이다. 기적은 언감생심, 나는 누군가에게는 평범해 보이는 그 기회
조차도 쉽게 만들 수 없었다.

저는 아무리 풀어도 답이 2번이었어요

국내영업에 더해 해외영업까지 추진하려고 새벽까지 일거리를
들고 있던 숱한 날들이여!

낮에는 국내 고객사를 다니며 미팅으로 시간을 보냈고, 오전과
밤에는 해외 바이어와 연락했다. 그 7년간 나는 한 회사의 소속이었
지만 마치 투 잡을 뛰는 사람 같았다. 어느 날, 새벽에 보낸 이메일
을 확인한 일본 바이어가 건강을 챙겨가며 일하라고 격려의 답장을
보내주기도 했다.

2008년 여성경제인협회로부터 모범여성근로자상을 수상한 일은
내 뜨거운 이마에 잠시 쏟아지는 소나기 같았다. 코트라 대표이사의
이름으로 추천서가 작성되었고, 그간의 활동 내역이 담긴 공적조서
수십 장이 첨부돼 여성경제인협회에 제출된 끝에 수상자로 선정되
었다.

수상식장에는 영부인과 국회의원 등 많은 귀빈들이 참석했다.

수상자 지정석에는 나 말고도 많은 여성들이 있었는데 나를 빼고 모두 기업인들이었고, 나만 홀로 차장이라는 낮은 직급을 달고 있었다. 수상자 중에서 나이도 가장 어렸다. 무엇보다 늘 내 꿈의 지지자인 네 명의 사랑하는 사람들, 부모님과 남편 그리고 아들 앞에서 수상하던 순간은 내 인생에서 잊을 수 없는 장면 가운데 하나가 되었다. 아들과 눈이 마주칠 때는 울음을 참느라 아주 혼이 났다. 성과를 거둘수록 시기도 커지며 나를 혼란케 했던 많은 일들이 떠올랐다.

"결혼한 애 엄마가 뭘 하겠어. 우리가 도와주지 않으면 아무것도 못해. 큰 배려를 해준 회사에 감사해야 해."

이 기묘한 감정은 무엇일까? 단지 그들의 질투 때문이라고 여기고 넘어가기에는 아들을 돌보지 못한 시간이 정말 미안했다. 서운함과 억울함 뒤에 숨어 있던 이 미안함을 뭐라고 말해야 할까?

아들이 초등학교 1학년 때는 오전수업만 하고 하교한 아들을 돌봐줄 사람이 없어서 1년 동안 동네 다른 집에 맡겨야 했고, 엄마가 보고 싶어 전화한 아들의 전화를 고객과의 미팅 때문에 수차례 거절할 때의 심정을 어떻게 표현할 수 있을까? 아들이 고관절염으로 일주일 동안 학교도 쉬고 침대에 홀로 누워 있어야 했던 날, 나는 오줌통 하나를 아이 옆에 놓아주고 회사로 향했다.

해외출장이라도 가면, 남편은 아직 잠이 덜 깬 아들을 업고 어린

이집에 가서 문이 열릴 때까지 밖에서 기다리곤 했다. 그런 날은 눈에 눈물이 반이었다……

하지만 이 이야기는 아름답게 끝나지 못한다. 여성경제인협회 수상 이후에도 4년간 나의 생활은 크게 달라지지 않았다. 밖에서는 인정받고 안에서는 외톨이가 되는 묘한 삶이 이어졌다.

어느 날, 새로 온 상사는 동료들에게 내 험담을 들었는지 나에게 이메일을 보내 문제점들을 하나하나 지적했다. 친절하게도 번호까지 매겨져 있던 나의 단점들은 '1번 회사에 감사한 줄 모르고 2번 건방지고 3번 상사에게 예의가 없고 4번 제멋대로다'였다. 자신감은 무례함으로, 침묵은 뻔뻔함으로, 당당함은 건방진 것으로 바뀌어 내 얼굴에 덧씌워져 있었다. 이틀 동안 잠을 뒤척이다 상사에게 면담을 신청했다.

"제가 이제까지 세상의 편견에 맞서려고 얼마나 치열하게 살아왔는지 내 삶을 아십니까? 여자라는 약점을 극복하려고 애 낳기 이틀 전까지 토익시험을 보러 다녔고, 아픈 아들을 혼자 두고 묵묵히 일했습니다."

그는 아무 말도 하지 못했다. 그렇다고 내 속이 후련해진 것도 아니다. 뱉어낼수록 서운힘과 억울함은 더욱 커졌다.

여러 날 천식처럼 밤새 기침이 나와 잠을 제대로 잘 수 없는 여러 날이 있었다. 잠을 못자니 일도 할 수 없었다. 대학병원 몇 곳을 다니며 검사를 받았으나 특별한 이상이 없었다. 단골 한의원 원장이 안타까운 얼굴로 나를 쳐다봤다.

"쉬어야 해요. 스트레스가 지금 엄청나요. 정신적으로 많이 지쳐 있고, 몸도 더 버틸 만한 수준이 아니에요. 제발 부탁이니 좀 쉬도록 해요."

발작성 기침과 만성장염, 역류성 식도염은 반 년 넘도록 나를 괴롭혔다. 더 이상 회사를 다닐 몸이 아니었다.

'모두를 위해 뛰었으나 이제 모두를 위해 뛰지 말아야 한다.' 11년간 근무한 회사를 떠나며 이 기묘한 역설 앞에서 나는 다시 한 번 울고 말았다…….

"저는 아무리 풀어도 답이 2번이었어요."

그러나 내 답은 그들이 말하는 1번이 아니라 2번임을 나는 잘 기억하고 있었다.

4

가슴! 세상 살기에는
이 단어만으로도 충분하다

인공지능과 로봇에 일자리를 뺏길 것이라는 세간의 걱정과 우려가 풍선처럼 부풀려지는 가운데 뉴욕타임스 칼럼니스트 토마스 프리드먼은 백전노장처럼 덤덤하게 말했다.

"그리 비관할 필요 없다."

그는 AI가 대체할 수 없는 새로운 회사와 일자리가 생길 것이라며 '페인트나이트'라는 회사를 소개했다. 이 회사는 그림에 관심 있는 사람들이 모여 맥주나 와인 같은 가벼운 술을 곁들이며 그림을 그릴 수 있도록 레스토랑이나 술집을 빌려주는 곳이다.

"앞으로의 기술혁명은 사람들의 가슴과 가슴 사이에 더 많은 가치를 창출하게 만들 것이다. 기계와 소프트웨어가 삶의 많은 부분을 통제할수록 사람들은 인간다운 관계를 더 많이 찾을 것이기 때문이다. 직접 만나 안부를 묻고 소식을 듣는 구식의 방법 말이다."

프리드먼은 붓과 맥주, 그리고 사람들이라는 단순한 키워드 몇 가지로 AI로부터 인간을 지키는 방법을 제시했다. 이 세 단어도 많은가? 한 단어로 바꿔보자. 가슴! 세상을 살기에는 이 단어만으로 충분하다.

가슴을 찬양하는 사람은 프리드먼만이 아니다. 전 세계 글로벌 비즈니스 네트워크 BNI의 창시자인 아이번 마이즈너는 『연결하라』라는 책에서 이렇게 말했다.

"메시지가 머리로부터 나올 것인가, 가슴으로부터 나올 것인가. 메시지가 머리로부터 나올 때는 지성적이고 비감정적이다. 그것은 그냥 팩트이고 숫자이고 특징이다. 그러나 가슴으로부터 나온 메시지는 감성과 열정으로 가득 차 있다."

가슴으로 전달하는 감성 메시지만이 사람의 가슴을 두드린다. 사람은 이성적인 선택보다 가슴의 울림에 의한 감성적인 선택을 했을 때 더 높은 만족감을 갖게 된다.

언젠가 삼성전자 구매담당자에게 들은 말이 있다.

"다른 회사의 김 부장님은 머리로 말을 하는데, 김 차장님은 머리가 아니라 가슴으로 말해요. 그게 큰 장점입니다."

태어나서 처음으로 들은 말이다. 그때까지 내가 어떤 성향의 사람이고 어떤 장점이 있는지 한 번도 생각해본 적이 없었다. 그의 한 마디는 내 인생에 엄청난 영향을 주었다. 나도 잘 모르는 나의 장점을 발견하고 그것이 얼마나 훌륭한 것인지 말해 주는 사람을 만난다는 것은 행운이다. 많은 사람들이 기꺼이 나의 협조자가 되어 주었고, 좋은 성과를 낼 수 있었던 이유를 그제야 비로소 알 수 있었다.

"모든 것을 귀로 듣지 말고 마음으로 들어야 한다. 이건 공자님 말씀이 아니라 자연이 내게 가르쳐준 거야."

자기계발 전문가 조신영, 박현찬의 저서 『경청』에 등장하는 산속 노인의 말이다.

"마음으로 듣는다는 게 알 것 같으면서도 알 수 없는 말입니다."

주인공 이토벤이 응답하자 다시 노인이 말했다.

"듣고자 하는 마음이 있어야 진실이 입을 여는 법이오."

"귀 기울이면 모르던 것이 알아지거든"

2011년, 일본에 쓰나미가 덮쳤다. 뉴스를 시청하던 나는 깜짝 놀랐다. 전 세계 카 오디오 시장 1위 기업인 일본 알파인의 본사가 있는 이와키시가 쓰나미 재난구역으로 지정되었다는 기사가 나왔기 때문이었다. 그 당시 나는 알파인 해외영업 담당이었다. 업무협의를 하러 이와키시에도 몇 차례 출장을 다녀간 경험이 있었다. 이와키시는 해안과 근접한 지역이었지만 알파인은 해안으로부터 조금 떨어진 언덕 부근에 위치하고 있었다. 그래도 화면으로 접한 피해 상황이 워낙 심각해보였다. 당장 전화를 거는 건 별 도움이 안 될 것 같았다.

며칠간 발만 동동 구르다가 알파인 설계 엔지니어에게 이메일로 조심스럽게 상황을 물었다. 그는 회사는 괜찮지만 해안 가까이 사는 직원이나, 원전 인근에 사는 직원들은 거의 몸만 빠져나왔다고 답장을 보내왔다. 집을 잃은 직원은 회사에 임시로 마련한 대피소에 머물고 있었다. 몇 년 전 우리 회사를 감사하러 방문했던 직원도 이번에 집을 잃었다고 했다. 가슴이 아팠다.

알파인에 어떤 도움을 줄 수 있을까 고민하다 긴급 식료품을 보내야겠다고 생각하고 사장님에게 제안했다. 사장님은 친구를 통해 알파인 사정을 알아보았다. 그러나 알파인 직원으로부터 괜찮다는 얘기를 들었다며 식료품 지원은 필요 없을 것 같다고 말했다. 아니, 그게 지금 말이라고?

"그 괜찮다가 진짜 괜찮다가 아닙니다. 저는 식료품을 보내야겠습니다."

옥신각신하다 사장님은 결국 손을 들고 말았다.

마트에 가서 생수와 라면, 즉석 밥, 김을 대량으로 구매했다. 배달은 어렵다고 해서 작은 차로 수차례 식료품을 날랐다. 수출용 물품에 적합하게 포장을 다시 하고 출하준비를 마쳤다. 알파인 설계 엔지니어에게 연락해서 식료품을 보내려고 하는데 혹시 문제가 없는지 확인해 달라고 부탁했다. 구호품은 보내본 적이 없어서 혹시나 문제가 생길까 걱정되었다.

답신이 왔다. 구호품을 받는 사람이 일본 내에서 상업용으로 판매하지 않겠다는 각서를 후생성에 제출하면 얼마든지 받을 수 있다고 했다. 그는 자신이 개인 이름으로 각서를 써서 후생성에 제출하겠다고 알려왔다. 다만 한 가지, 김은 일본에서 인기가 많아 가끔 구호품 수입이 거절되는 경우가 있다고 했다. 다행히 구호품은 무사히 일본 땅을 밟았다. 그러나 이와키시까지 운송하는 게 문제였다. 누가 위험을 무릅쓰고 쓰나미 피해 현장까지 가려고 하겠는가. 나는 운송회사에 비용을 세 배 더 주고라도 꼭 좀 트럭을 섭외해 달라고 부탁했다. 그렇게 어렵게 이와키시 알파인에 구호품이 전달되었다.

1년 뒤, 구호품 운송을 도와주었던 알파인 엔지니어가 한국에 출장을 왔다. 오랜만의 방문이었다. 그는 나를 만나자마자 이렇게 말했다.

"지난번에 보내준 구호품은 정말 고마웠습니다."

갑작스런 재난으로 밥 지을 물도 없었는데 마침 생수가 도착하여 굶지 않았다며 무척 고마워했다. 알파인의 사장님이 우리 회사 사장님에게 감사패를 보낼 예정이라고 했다.

드라마 〈병원선〉에서 은재의 엄마는 세상을 떠났다. 하루는 은재가 엄마의 유품 '은재를 위한 엄마의 레시피 북'을 들여다본다.

"눈을 맞추고 숨소리에 귀 기울이면 모르던 것이 알아지기도 하거든. 입은 괜찮다고 말하지만 마음은 괜찮지 않다고 말하는 거. 아무 일 없다고 말하지만 사실은, 사실은……."

이어지는 은재의 오열. 우리가 다른 사람의 말을 귀가 아닌 가슴으로 듣는다면 표현과 마음이 다를 때가 많음을 알게 된다.

가슴으로 듣고 가슴으로 답하기

하루는 전자제품 리싸이클링 사업을 꾸리고 있는 지인이 국제전자제품 관련 협회 회장과 임원이 참석하는 중요한 상담을 지원해 달라고 요청했다. 영어가 가능한 직원이 없는 것도 아니었다. 왜 나에게 상담을 지원해 달라고 하느냐고 물었다.

"내가 하고 싶은 말을 가장 잘 전달해 줄 수 있는 사람이 당신밖에 더 있어요?"

이번 자리는 기부를 통해 동남아시아 국가와의 사업을 확장할 수 있는 별점 다섯 개짜리 미팅이라서 지인은 자료와 선물 등 많은 준비를 한 뒤 상담에 참석하였다.

상담이 시작되자 지인 회사의 직원은 기부사업의 취지와 목표, 그리고 비즈니스 방식을 협회 회장과 임원에게 한참 설명했다. 그러나 지인 회사 직원의 유창한 영어에도 불구하고 30여 분 동안 계속 같은 질문과 답변이 반복될 뿐 진척이 없었다.

그 되풀이되는 질문은 동남아 출신의 협회 회장이 말한 '왜 삼성전자처럼 큰 기업이 기부를 합니까?'였다. 질문이 반복된다는 말은 납득할 만한 답변이 나오지 않으면 상담을 종료하겠다는 의사표시다.

나는 지인 회사 직원에게 답변을 잠시 멈추라고 요청했다. 그런 뒤 지인에게 말했다.

"왜 기부를 하는지 납득하지 못하면 진지한 대화로 들어가기 힘들어요. 이들에게 기부문화가 생소한 것처럼 보이는데 그것부터 납득시키는 게 중요해 보여요."

그리고 지인에게 내가 대신 답변하고 싶다고 허락을 구한 뒤 마이크를 들었다.

"한국 사람들은 기업의 사회적 책임을 매우 중요하게 생각합니다. 사회적 책임을 다하는 기업에 좋은 평판이 형성됩니다. 그래서 한국의 대기업들이 사회적 책임을 다하려고 노력하며 그것이 좋은 마케팅 전략이 됩니다. 한국 사람들은 반사회적 기업의 제품은 불매운동을 벌이기도 하고 사회적 책임을 다하는 기업의 제품을 선호하고 기꺼이 구매합니다. 그래서 기업의 사회적 책임과 기부가 중요한 것입니다."

그들은 고개를 끄덕였다. 예상했던 대로 이야기는 술술 풀리기 시작했다. 비즈니스 상담을 경험하면서 유창한 외국어 실력과 뛰어난 말솜씨는 큰 효과를 보지 못한다는 사실을 깨달았다. 아무리 멋진 자료와 프레젠테이션을 준비해도 고객은 내가 예상한 질문만 던지지 않는다. 그럴 때마다 나는 준비한 시나리오를 덮고 그들이 알고자 하는 것이 무엇인지 경청하려고 노력했다. 나의 고집과 방식을 버리자 진실이 입을 열었다.

2016년 여름, 보이스 코칭 아카데미를 운영하는 지인의 도움으로 녹음한 팟캐스트 〈나는 CEO다〉에서, 내가 살아온 지난 삶의 스토리를 이야기했다. 1시간 반 분량의 팟캐스트를 듣고 많은 사람들이 대본 없이 인터뷰했다는 사실이 놀랍다고 했다. 상대의 질문에 가슴의 울림대로 반응하면 대본은 그리 중요하지 않다. 가슴으로 듣고 가슴에 묻고 가슴으로 답해야 한다. 가슴은 이미 진실을 알고 있다. 얻고 싶은 게 있다면 논리와 지식이 아니라 마음을 전달해야 한다. 머리가 아닌 가슴을 두드려야 한다. 때로는 완벽한 대본보다 가슴으로 전하는 진실한 메시지가 더 큰 감동과 울림을 준다.

5

나는 그런 사람으로
기억되고 있다

11년 동안 다닌 회사를 그만두고 3년이 지난 어느 날 옛 직장 동료로부터 연락이 왔다.

"사장님이 되었어요?"

어떻게 알았느냐고 물으니 페이스북에서 봤단다.

"잘되실 것 같았어요. 항상 고객 입장을 먼저 생각하니까요. 옆에 같이 있을 때 많이 배웠어요."

내가 그 친구에게 그런 사람으로 기억되고 있다는 사실에 새삼 놀랐다.

회사가 어렵던 시절 우리는 같이 고생스러운 시간을 보냈다. 어린이집이 끝나면 아들을 회사로 데리고 와서 자장면을 먹이고 만화도 보여주면서 기다리게 하고, 그 사이에 나는 이 친구가 작성한 기술보고서를 보며 잔소리를 했다.

"바이어가 보고서를 보고 이해할 수 있겠어? 이게 최선이야? 네가 이해할 수 있는 보고서 말고 고객이 이해할 수 있는 보고서를 고민해라. 너 자신을 위해 적당히 보고서를 쓰지 말고 고객 입장을 생각하며 보고서를 쓰라고."

고객의 입장을 고려하지 않고 보고서를 작성하면 꼭 바이어의 추가질문이 돌아왔다.

처음에는 내 말을 이해하지 못하던 이 친구는 시간이 지날수록 고객 입장에서 보고서를 쓰는 게 무슨 뜻인지 점점 이해했다. 고객 입장에 대한 강조는 사장님이라도 피할 수 없었다. 나는 종종 사장님을 상대로 고객이 원하는 대로 제품을 개발해야 한다고 설득했는데 그럴 때마다 이 친구가 옆에서 지켜보고 있었다.

내가 고객 입장을 고려하려는 이유는 그게 최선의 의미이기 때문이다. 우리는 최선을 다하라고 말하지만 그 뜻은 잘 새기지 않는 것 같다. 최선이란 '죽도록 열심히 하는 것'이 아니라 '상대 입장에서 의혹이 없도록 하는 것'을 의미한다. 최선을 이와 같이 파악하는 것은 직장생활과 사회생활에서 더 없이 큰 열매를 거두는 데 밑거름이 된다.

나는 그런 의미에서 '최선'을 바탕에 깔고 일을 했다. 글로벌 마케터로서 일본 시장을 개척하던 시절, 켄우드와 거래하기 위해 끈질기게 거래를 제의하여 어렵게 제품 검토의 기회를 얻었다. 가격 협상을 통과한 후 마지막 과정으로 샘플 테스트를 남겨두었다. 그러나 샘플 테스트에서 실패가 거듭되었다. 연구소에서는 밤낮으로 샘플을 개선했지만 바이어의 오케이 사인은 떨어질 줄 몰랐다. 중간에서 샘플 일정을 조정하던 나는 큰 스트레스를 받았다.

그러던 중에 납기가 임박하여 비행기를 타고 직접 샘플을 운송해야만 했다. 출장을 가기로 한 날, 갑자기 컨디션이 저하되었다. 누적된 피로와 스트레스 탓에 갑자기 식은땀이 나고 구토 증상이 났다.

동료 직원이 얼굴이 창백하다며 괜찮으냐고 물었다. 아직 출발까지는 시간이 있었다. 잠시 병원에 다녀오겠다고 말하고 조용히 회사를 빠져나왔다. 링거를 맞으며 두 시간 뒤에는 갈 데가 있으니 꼭 깨워달라고 부탁했다. 혼곤히 잠에 빠졌다. 두 시간 뒤 간호사가 나를 깨웠다. 핸드폰을 켜니 여러 통의 전화가 걸려와 있었다.

회사로 돌아갔다. 동료 한 명이 걱정스러운 얼굴로 말했다.

"전화 연락이 안 돼서 걱정했어요. 우리가 하도 걱정하니까 사장님이 그러시더라고요. 김은주는 시간 맞춰 돌아올 거니 걱정하지 말라고."

준비된 샘플을 챙겨 공항으로 직행했다. 링거를 맞았지만 여전히 몸은 좋지 않았다. 쓰러져도 일본에 가서 쓰러지지. 그런 생각으로 간신히 비행기를 타고 일본에 도착했다. 호텔에 들어서자마자 그대로 쓰러져 잠들었다. 다음 날 약속 시간에 맞춰 샘플을 전달하고 귀국했다.

해외영업을 하며 만난 사람들 중에는 나에게 사장님 딸이냐고 묻는 사람들이 있었다. 무슨 얘기를 들었기에 던지는 질문일까? 의아했다. 나중에 이유를 알게 되었다. 악착스럽게 약속을 지키려는 모습을 보며 이건 가족이 아니면 설명이 안 된다는 나름의 추측이었다.

한 기업의 임원 요청으로 수출 자문을 한 적이 있었다. 그는 누구보다 회사의 발전을 바라고 있었고 회사의 해외시장 진출을 위해서라면 자비를 들여서라도 출장을 가고 싶다고 했다. 아니, 왜 자비로 출장을 가느냐고 물으니 출장비용이 만만치 않아 승인을 받기가 쉽지 않다고 말했다. 혼자만의 짝사랑은 너무 힘든 것이라고 말하자 그는 갑자기 울컥하며 눈물을 보였다. 그 임원 역시도 가족으로 오해받는 삶을 살고 있었다. 최선을 다하는 모습은 늘 그런 오해를 낳는다.

내가 오랫동안 활동한 글로벌 비즈니스 네트워크 경영자 조찬모임에 홍콩의 한 멤버가 참석하기로 한 적이 있었다. 그 멤버는 이미 사전에 한국의 조찬모임에 참석하고 싶다고 신청을 했고, 그 멤버의 통역을 내가 담당하게 되었다. 그런데 조찬모임 며칠 전 산책을 하던 나는 사고로 다리를 다쳐 깁스를 하게 되었다.

하필 오른쪽 다리여서 운전도 할 수 없었고 통증도 심했다. 그런데 홍콩 멤버는 어떡할까? 급한 대로 다른 멤버에게 픽업을 부탁해서 조찬모임에 참석했다. 깁스한 다리로 나타났더니 사람들 눈동자가 동그래졌다.

"왜 쉬지 않고 나왔어요?"

통역 지원 때문에 왔다고 하니까 고개를 절레절레 젓는 사람도 있었다.

"아무리 보잘것없는 것이라도 한 번 약속한 일은 상대방이 감탄할 정도로 정확하게 지켜야 한다. 신용과 체면도 중요하지만 약속을 어기면 그만큼 서로의 믿음이 약해진다."

『인간관계론』의 저자 데일 카네기의 말이다.

설령 작은 약속이라도 목숨처럼 지키다 보면 처음에는 잃은 것이 많아 보이나 결국에는 더 큰 것을 얻을 수 있다. 사람들은 작은 약속을 지키려고 최선을 다하는 모습에 감동하여 더 큰 것을 기꺼이 내어준다.

그래서 그럴까? 생선에는 크고 작은 놈이 있지만 약속에는 크고 작은 게 없다고 믿는다.

6

모든 책임은 여기서 멈춘다

'새로운 고객사와 거래를 트기는 어렵다. 하지만 지키기는 더 어렵다.'

『10인 이하 회사를 경영하는 법』의 저자 이시노 세이이치는 "옛 고객을 붙잡아라. 새 고객을 얻는 것보다 몇 배나 싸다"라고 말했다. 기존에 거래하고 있는 20퍼센트의 고객이 80퍼센트의 매출을 올려준다. 그래서 수출을 시작하겠다는 기업에 늘 들려주는 말이 있다.

"수출을 핑계로 국내 고객사 관리를 소홀히 하지 마세요."

우리는 종종 고객을 사냥감으로 착각한다. 한 번 잡은 새는 내 것이지만 고객은 영원히 내 것이 아니다.

10여 년 전이다. 하루는 우리 제품을 공급한 삼성전자 해외법인

중 하나인 삼성전자 슬로바키아 공장으로부터 '품질에 문제가 있다'는 불량통보 이메일을 받았다. 당시 나는 한국 삼성전자뿐 아니라 슬로바키아, 브라질, 중국, 인도네시아 등 우리 제품을 사용하는 전 세계 삼성전자 해외법인의 주문과 납품, 품질 이슈를 담당했다.

이메일에는 우리 회사 부품이 들어간 제품에서 불량이 발견되었고, 문제가 심각하여 생산라인을 중단시켰다는 내용이 담겨 있었다. 생산라인 가동이 멈추면 생산자들이 일을 할 수가 없고 납기 일정도 차질을 빚는다. 생산자들이 손을 놓고 있어도 인건비는 지불해야 하므로 우리 회사도 일부 손실에 대한 책임을 져야 했다. 여기서 끝이 아니었다. 우리 회사로 발행된 주문은 모두 취소되었다. 대신 일본의 메이저 경쟁사가 주문을 가져갔다. 슬로바키아 법인의 주문이 취소되자 덩달아 다른 삼성전자 해외법인의 주문도 취소되었다. 우리 회사도 생산라인이 중단되었다. 연간 10억 원의 매출손실이 예상되었다. 사용승인을 받기 위해 몇 년 동안 수많은 테스트와 기술적 검증을 거쳐 이제 막 공급을 시작한 차였다. 너무나 안타까운 상황이었다.

사태가 심각하다고 판단한 나는 대책을 수립하기 위해 슬로바키아로 날아가기로 결심했다. 한국에서 이메일을 주고받으며 사태 파악을 하기에는 한계가 있었다. 그러나 검사장비도 없이 혼자 떠나는 출장이었다. 품질 문제를 체크하러 가는 출장인데 영업담당자가 혼자 간다? 이게 말이 될까? 그러나 죄 중에 가장 무서운 죄는 성의를 보이지 않는 '괘씸죄'임을 잘 알고 있기에 일단 혼자라도 가서 관심을 보이는 것이 중요했다. 만일 내가 그들의 마음을 움직여 나를 도와줄 수 있도록 만든다면 일본 경쟁사에 빼앗긴 주문도 되찾을 수 있을지 모른다고 생각했다. 기술력이 일본 경쟁사보다 낫다고 설득하기는 힘든 일이었으니 최후의 보루는 마음 공략밖에 없었다.

그렇게 고민하며 떡집 앞을 지나가다 '마음을 움직일 수 있는 선물'로 한국 떡을 선물해야겠다고 계획했다. 출장 가는 날에 맞춰 떡을 찾고 공항으로 향했다. 여러 가지 샘플과 개인 짐 때문에 무게가 초과되어 추가요금을 냈다. 떡은 차마 화물칸에 맡기지 못했는데 변질될까 걱정스러웠기 때문이다. 그 탓에 15킬로그램 무게의 떡과 커피를 들고 끙끙거리며 출국 게이트로 향했다. 독일 프랑크푸르트 공항에 도착해 오스트리아 비엔나로 가는 비행기로 환승하려고 갈아탈 비행기를 기다리고 있었는데 갑자기 게이트가 변경되었다. 무거운 떡과 커피를 들고 정반대 편의 게이트로 가는 건 쉽지 않은 일이었다. 온몸에 땀을 뻘뻘 흘리며 걸어가고 있는데 갑자기 떡 뭉치가 공항 바닥에 쏟아졌다. 무게를 이기지 못하고 떡 가방이 찢어진 것이다. 그날은 나의 유럽 첫 출상길이었다.

오스트리아 비엔나공항에 도착해서 택시를 잡은 뒤 삼성전자 슬로바키아 공장에 도착했다. 한국을 떠난 지 열여섯 시간 만이었다.

공장에 도착하자마자 담당자들에게 눈물겨운 한국 떡을 전달했다. 나중에 들으니 떡이 살짝 맛이 가려 했다고 한다.

내가 할 수 있는 것은 자발적 인질이 되는 것뿐이었다

삼성전자 슬로바키아 공장에 도착해서 처음 한 일은 기술 엔지니어를 만나 구체적으로 어떤 문제가 있는지 상황을 파악하는 것이었다. 나는 혹시 제품 사용법을 잘못 이해해서 발생한 문제가 아닐까 싶어 한 시간 동안 우리 제품의 기술적 특징을 다시 설명했다. 설명을 다 들은 엔지니어는 '왜 일본 제품은 문제가 없는데 당신 회사 제품은 문제가 있냐?'라고 물었다. 그 당시에는 일본제품에 대한 신뢰도가 아주 높았다. 오랫동안 사용하던 제품이기도 했다.

엔지니어에게 처음부터 다시 한 번 설명했으나 말만으로 돌아선 마음을 돌이키기는 힘들었다. 나는 하루 이틀 안에 해결될 문제가 아님을 깨닫고 책임자에게 가서 책상을 하나 달라고 했다. 이 문제를 근본적으로 해결하려면 개선 샘플을 만들어 최종적으로 테스트에 합격해야 했다. 삼성전자도 굳이 비싼 일본 부품을 사용할 생각은 없었다.

한국에서 출발할 때 문제가 해결될 때까지 돌아오지 않으리라 각오했기 때문에 귀국행 비행기 일정은 확인하지도 않았다.

책상 하나를 얻은 나는 자발적 인질이 되었다. 그렇게 일주일을 보냈는데, 내가 주로 한 일은 엔지니어들이나 생산담당자들과 공장 식당에서 점심, 저녁을 함께 먹는 것이었다. 그때는 그렇게 함께 있는 것이 내가 할 수 있는 전부였다. 최소한 언제 우리 회사의 개선 샘플로 테스트해줄 수 있는지 테스트 일정만이라고 확정해서 돌아가면 성공이겠지만 빠듯한 생산 일정을 감안하면 별도로 테스트 일정을 잡는다는 것이 쉽지 않았다.

일주일 동안 책상에 가만히 앉아 있을 수 없어 직접 소매를 걷어붙인 적도 있었다. 검사 장비를 빌려 납품한 우리 제품을 직접 확인해보자고 생각했다. 그날은 하루 종일 발에 물집이 잡히도록 넓은 공장을 돌고 돌아 검사 장비를 찾았다. 그렇게 일주일을 보냈다. 사장님께 전화를 드려 테스트 일정을 잡기가 힘드니 더 기다려야 할 것 같다고 보고했다. 사장님은 개선 샘플을 만들 테니 일단 귀국해서 가져가는 게 어떻겠느냐고 했다.

한국으로 귀국한 나는 새로운 샘플을 만드는 일주일 동안 대기하다 다시 삼성전자 슬로바키아 공장으로 갔다. 두 번째 출장 때는 품질담당자를 같이 보내달라고 부탁했으나 비싼 출장비가 발복을 잡았다. 그렇게 또 다시 혼자 출장을 가서 기약 없이 자발적 인질이 돼 언제 테스트해줄 수 있는지 답을 기다렸다. 일주일을 기다리자 결국 책임자는 어렵게 테스트 일정을 잡아주었고 나는 테스트 일정에 맞춰 돌아오기로 하고 귀국했다.

두 번째 출장 때는 계속 찾아오는 나를 안쓰럽게 본 삼성전자 슬로바키아 공장 직원들이 잘 챙겨줘서 친구처럼 지내는 사이가 되었다. 마침 안면이 있는 한국 삼성전자의 구매담당자가 슬로바키아 공장에 장기 출장 중이었는데, 그 역시 계속 찾아가는 내가 보기 안타까웠는지 도대체 문제가 뭐냐며 관심을 갖기 시작했다. 그는 여러 기술 자료를 확인한 후에 관계자들에게 근본적으로 우리 회사 제품의 기술적 문제로 보기 어렵지 않느냐는 의견을 제시하였고, 다시 종합적으로 재검토함으로써 우리 제품의 기술적 신뢰성을 회복하게 되었다.

드디어 곱지 않던 시선이 사라졌다. 이제 테스트만 기다리면 되었다. 나는 한국으로 돌아와 테스트 일정이 잡혔다는 연락을 받고 세 번째 출장을 갔다. 같은 문제로 두 달 만에 떠나는 세 번째 유럽 출장이었다. 세 번째 출장에서도 스케줄 대로 테스트하기 어려워 한참을 기다렸고, 결국 테스트에서 합격 판정을 받았다. 합격 판정을 받은 후 경쟁사에 빼앗겼던 주문도 다시 찾아왔다.

합격 테스트 리포트를 받던 날은 정말 감격스러웠다. 모든 관계자들에게 감사했다. 고객사 관계자들의 협조가 없었다면 해결할 수 없는 일이었다. 삼성 슬로바키아 공장의 책임자는 자기 회사의 문제에 관심을 가지고 해결해줘서 감사하다며 우리 회사 사장님에게 직접 이메일을 보내겠다고 했다. 돌아오니 그 책임자로부터 감사의 이메일이 왔고, 그 이메일을 받은 후 나는 과장 7년 만에 차장으로 승진했다.

트루먼이 미국 대통령이던 시절, 그의 책상 위에는 이런 문구가 적혀 있었다고 한다.

"모든 책임은 여기에서 멈춘다."

이 문구는 피할 수 없는 책임의 엄중함을 의미한다.

어떤 상황이 벌어져도 피하지 않고 책임을 진다는 것은 쉬운 일이 아니다. 때로는 책임을 회피하거나 도망치고 싶을 때도 있다. 하지만 도망가지 않을 때 비로소 자신의 한계를 뛰어넘는 길이 열린다.

학연과 지연도 초라하고 별다른 후광도 없는 내가 혼자서 수많은 난관을 극복할 수 있었던 것은, 어떤 상황에서도 책임을 다하려 하는 태도 덕분인 것 같다. 책임 앞에서 나는 여자임을 강조한 적도 없고, 권리만 외친 적도 없다. 내적, 외적 성장을 바란다면 절대 자신 앞에 놓인 이 물 한 잔을 피해서는 안 된다. 도저히 답이 보이지 않을 것 같은 막막한 안개 속에서도 굳건히 자리를 지킬 때 세상이 도움의 손길을 내려준다.

7

나는 이제야
나이를 먹고 있다

고등학생 아들이 며칠 전 갑자기 "엄마는 참 대단한 사람이에요. 엄마를 한 인간으로 봤을 때, 엄마는 자기 일만 하고 세상에 관심이 없을 사람인데, 자신을 진심으로 사랑해주는 아빠를 만나 결혼하고 나를 낳아 기르며 사랑을 알게 되었잖아요. 그러면서 세상에도 관심을 갖고 세상을 사랑하고 있어요. 그러니까 엄마는 정말 대단한 사람이에요" 하고 말했다.

아들의 말을 듣고 한참을 웃었다. 나도 잘 모르는 나를 굉장히 날카롭게 분석했다고 인정하지 않을 수 없었다. 어렸을 때부터 나는 밖에서 난리가 나도 관심이 없고 책만 봤다고 한다. 세상에 별로 관심이 없었기 때문에 궁금한 일이나 사람이 없었다. 혼자 있는 것을 좋아했고 별로 외로워하지도 않았다. 그런 내가 남편을 만나고 아들을 낳아 기르며 사랑과 희생을 배우고 나 아닌 다른 사람을 이해하기 시작했다.

나와 전혀 다른 두 사람을 만나 그들을 이해하며 사랑을 배우는 과정은 내 생에서 가장 큰 도전이었다. 그 일은 나 자신을 끊임없이 돌아보게 하고, 반성하게 하고, 다름을 수용하게 하고, 나를 내려놓게 했다. 그러면서 더 이상 나를 고집하지 않고, 그들을 위해 희생을 선택할 줄도 알고, 사랑을 알게 되고, 세상을 따뜻한 시선으로 바라보게 해주었다. 세상은 확장된 가족이고 나와 남이 결국 하나라는 것을 알게 해주었다. 그래서 다른 아이가 아프면 우리 아이가 아픈 것처럼 가슴이 아프고 더 이상 아프지 않기를 바라는 마음이 생긴다.

에릭 시노웨이와 메릴 미도우의 공저 『하워드의 선물』을 보면 하워드 교수가 심장마비로 쓰러져 죽을 뻔한 일화가 나온다. 그때 주변 사람이 심폐소생술을 해서 기적적으로 살아났고, 그때가 자기 인생의 전환점이었다고 한다. 그 이후에 사람은 누구에게나 은인이 될 수 있다는 인식의 전환이 있었고, 타인을 바라보는 시선이 달라졌다고 한다. 우리는 나와 남을 분리해서 살아가고 있으나 사실 우리는 하나로 연결된 존재라는 것이다. 그래서 자신도 누군가의 은인이 될 수 있도록 이제 자신의 삶 속으로 들어온 사람들을 책임지려고 한다고 했다. 우리가 하나로 연결돼 있다는 것을 이해한다면, 타인의 아픔이 나의 아픔이 되고 타인의 기쁨이 나의 기쁨이 될 것이다. 타인의 실패를 비난하기 전에 그 일 때문에 얼마나 가슴 아픈지 공감하고 격려할 수 있을 것이다.

머리로 이해하고 머리로 사랑하는 나와 달리, 아들은 가슴으로 이해하고 가슴으로 사랑한다. 아들은 강아지에게 꼭 정수기 물을 주고, 학교에 갈 때는 학교 다녀오겠다고 인사하고, 잘 때는 잘 자라고 인사한다. 얼마나 사랑하는지 구체적으로 표현하고, 힘들어할 때 위로할 줄 알고, 가슴으로 사랑한다. 나는 옆도 뒤도 안 보고 앞만 보고 가고, 사랑한다고 꼭 말해야 하느냐며 터프하게 표현하고, 머리로 사랑한다.

강아지처럼 살아 있는 생명과 소통하고 공감하는 것에 관심이 많은 아들이지만 정작 자기가 해야 할 일에 집중하지 못하고 하는 것마다 실패와 좌절을 반복했다. 그런 아들이 이해가 안 되고 답답해서 다른 것에 신경 쓰지 말고 자기 할 일이나 똑바로 하라고 자주 혼을 냈고 나 혼자 많이 힘들어했다.

이런 아들 때문에 힘들어하는 나를 보고 한 지인이 "해도 해도 안 되는 사람의 좌절감을 알 때까지 아들은 계속 실패할 것이다"라고 말했다. 그 말을 듣고 엄청난 충격을 받았다. 이제까지 '해서 안 되는 것이 어디 있냐, 하면 된다'는 확신으로 살아왔기 때문에, 아무리 잘하려고 해도 잘 안 되는 사람들이 느끼는 좌절감을 단 한 번도 이해하려 한 적이 없었다. 모든 사람이 나처럼 '하면 된다'는 신념을 가지고 도전하면 목표를 이룰 수 있을 텐데 왜 그렇게 못하지? 하고 생각했다. 그것이 일종의 상식이라고 생각했기 때문에 아무리 노력해도 잘 안 되는 사람들이 느꼈을 깊은 절망감을 잘 헤아리지 못했다.

『하느님과의 수다』의 저자 사토 미쓰로는 "당신의 상식은 누군가의 비상식"이라고 했다. 나에게는 소중하지만 다른 사람에게는 소중하지 않을 수도 있다. 나에게는 쉽지만 다른 사람에게는 쉽지 않을 수 있다. 나에게 당연한 것이 다른 사람에게는 당연하지 않을 수 있다. 아들에겐 가슴으로 이해하는 것은 쉽지만 머리로 이해하는 것은 어려울 수도 있었을 것이다. 나와 너무나 다른 성향의 아들을 이해하지 못해 힘들었고, 그 원인이 바로 다름을 인정하지 않은 것에서 비롯되었다는 것을 깨닫게 되기까지는 정말 많은 시간이 걸렸고 고통이 따랐다.

앞만 보고 달려서 목표를 이루는 성향인 나는 이제까지 살아온 방식대로 앞만 보고 달리다 힘들어하는 주변 사람들을 돌아보지 못했을 것이다. 머리로 세상을 이해하는 내가 가슴으로 세상을 이해하는 아들을 만난 것은 더 훌륭한 인간으로 성장하기 위한 필연이었다는 생각이 든다. 머리가 아닌 가슴으로 아들을 이해하기 시작하면서 이전에 이해되지 않던 아들의 행동과 말이 조금씩 가슴으로 전달되었다.

자기계발 전문가 조신영, 박현찬은 저서 『경청』을 통해 "내 안의 너, 네 안의 나를 받아들이고 이해하면 진실의 목소리가 들린다"라고 말했다. 타인의 내면에서 나오는 소리를 가슴으로 경청하고 공감함으로써 서로의 다름이 이해되고 진정한 소통이 가능하게 된다. 타인을 머리가 아닌 가슴으로 이해함으로써 이제까지 이해되지 않았던 많은 것을 이해하게 된다. 우리가 마음을 열고 소통하려 할 때, 머리로 도저히 이해되지 않았던 것들이 이성적인 설명과 이유 없이도 그냥 이해되는 경우도 있다.

우리 집 강아지 '포리'가 물을 맛있게 먹는 것을 보면 흐뭇하다. 이제 포리가 물을 달라고 하는지, 밥을 달라고 하는지, 무엇을 원하는지, 무엇을 싫어하는지 점점 알아가고 있다. 벌써 같이 산 지 5년이 되었다. 포리의 행동과 몸짓으로 원하는 것이 무엇인지 알게 되기까지 참 오랜 시간이 걸렸다. 사랑은 작은 몸짓 하나에도 무엇을 원하는지 알게 되는 것이라고 하는데, 포리의 몸짓을 이제야 이해한다는 것은 포리를 사랑하기까지 참 오랜 시간이 걸렸다는 것을 의미한디.

아들은 포리에게 별 관심이 없던 내가 포리를 가족으로 받아들이고 사랑하게 되었다고 기뻐했다. 동물을 별로 좋아하지 않던 내가 아들이 얼마나 포리를 진정 가족으로 대하고 사랑하는지 이해하게 되면서 포리를 가족으로 점점 받아들이게 된 것 같다. 사랑은 불가능한 것을 가능하게 만드는 위대한 힘이 있는 것 같다. 사랑은 사랑하는 사람이 사랑하는 그 무엇도 기꺼이 허용하고 받아들이게 했다. 나는 비염으로 고생하면서도 사랑하는 아들이 아끼는 포리를 위해 오줌과 똥을 치우는 번거로움을 감수하며 포리를 지키고 있다.

다름이 장점인 사회가 온다

전 세계적으로 큰 반향을 일으킨 『사피엔스』의 저자이자 역사학자 유발 하라리는 한 신문과의 인터뷰에서 "이제 수학, 과학을 가르치는 것은 의미가 없다. 그런 공부는 AI가 훨씬 더 잘할 테니까. 우리가 후속 세대에게 가르쳐야 할 과목은 '감성지능'과 '마음의 균형'이다. 경직되어 있는 사람, 마음이 유연하지 않은 사람은 버티기 힘들 것이다. 감성지능과 마음의 균형 감각이 중요한 이유다"라고 했다. 머리가 똑똑하고 기계적 계산 지능이 높은 사람보다 인간의 감성을 공감하는 공감능력이 뛰어난 사람이 미래에 필요한 사람이라는 것이다.

아무리 머리가 똑똑하고 공부를 잘해도 타인의 감정을 공감하지 못하는 사람은 세상과 소통하는 데 한계가 있을 것이고, 결국 스스로 고립돼 성장의 한계에 부딪칠 수밖에 없을 것이다. 그래서 앞으로의 시대는 인문학적 소양이 있는 과학자의 시대가 될 것이다.

나는 세상에 별 관심이 없고 머리로만 이해하는 감성이 메마른 사람이었다. 나와 다른 사람의 마음을 잘 공감하지 못해 진심으로 소통하지 못했다. 하지만 나와 전혀 다른 성향의 아들을 키우며 그런 나의 모습을 돌아보았고, 아들에 대한 지극한 사랑은 나와 다른 아들의 모든 점을 수용하고 받아들이게 했다.

내가 옳다고 주장하는 나를 내려놓고 아들을 가슴으로 이해하기 시작하면서, 아들의 다름이 나에게 없는 뛰어난 장점이라는 사실을 알았다. 아들의 뛰어난 공감능력은 앞으로 세상을 살아가면서 남과 차별화된 큰 장점으로 작용할 것이다. 유발 하라리 교수의 말처럼 앞으로는 인간에 대한 관심과 사랑, 뛰어난 공감능력이 수학, 과학을 잘하는 것보다 더 중요한 시대이고 그에 맞는 새로운 직업도 생길 것이다. 이제는 더 이상 자기 자신만을 위해 사는 똑똑한 이기주의자는 환영받지 못하는 시대가 될 것이다.

어린 아들을 잘 이해하지 못해 무척 힘들어하던 시기에 한 학부모교육 프로그램에 참석한 적이 있다. 그 학부모교육에서 '사자와 소의 사랑' 동영상을 보고 큰 충격을 받았다. 그 동영상은 서로 너무

나 다른 존재인 사자와 소의 사랑 이야기였는데, 마치 나와 아들의 관계를 말하는 것 같았다. 그동안 나의 사랑이 아들을 아프게 했을 것이라는 생각에 뜨거운 눈물이 흘렀다.

사자와 소는 서로 사랑했다고 한다. 소는 사자를 사랑해서 이 세상에서 가장 맛있는 풀을 먹이로 가져다주었으나 사자는 풀을 먹을 수 없어 괴로웠다. 사자는 소를 너무 사랑해서 가장 맛있는 고기를 먹이로 가져다주었으나 소는 고기를 먹을 수 없어 괴로웠다. 사자와 소는 서로 최선을 다해 사랑했으나, 서로 최선을 다하면 할수록 서로에게 최악이 되었고 고통만을 줄 뿐이었다.

'내 방식대로 사랑해서 사랑하는 사람을 아프게 한 적이 없는가? 최선을 다해 사랑했는데 사랑하는 사람이 그것도 몰라준다고 억울해한 적이 없는가?'라고 스스로에게 물었다. 사랑하는 사람이 어떤 사람인지, 진짜 원하는 것이 무엇인지를 이해하지 못하고 자기 방식대로 이해하고 사랑하는 것은 사랑이 아닌 고통이다. 나 역시 내 방식으로 아들을 이해하고 사랑해서 많이 아프게 했을 것이다. 자신과 다른 엄마를 이해하느라 어린 아들이 얼마나 힘들었을까, 하고 미안한 생각이 들었다.

사랑이 많고 가슴으로 세상과 소통하는 아들은 내가 이 세상에서 처음 만난 스승이었다. 이성적이고 머리로 세상과 소통하는 나에게 가장 힘든 것은 나와 다름을 받아들이는 것이었다. 아들처럼 나와 전혀 다른 존재를 내 곁에 둠으로써 다른 존재의 다름을 있는 그대로 인정할 때까지 계속 보게 했다.

아들의 다름을 받아들이지 못해 많이 좌절하고, 분노하고, 슬퍼하는 나 자신을 돌아보며, 내 인생의 대부분이 다름을 받아들이지 못해 고통스러워하는 나날이었다는 사실을 알았다. 내가 다름을 진심으로 받아들였을 때 고통에서 벗어날 수 있었다. 내 남은 인생 동안 다름을 받아들이지 않으려는 나의 에고가 깨어나지 않도록 평생 경계해야 한다는 것도 깨달았다. 내가 인정하지 않은 다름이 훨씬 더 위대한 가치가 있다는 것도 알았다.

아들을 통해 다름을 받아들이게 됨으로써 세상을 더 넓고 깊게 이해하는 법을 배웠다. 나와 다른 존재가 나를 힘들게 하는 존재가 아니라 나를 성숙한 인간으로 성장시키는 고마운 존재라는 것을 깨달음으로써 진짜 어른다운 어른으로 성장할 수 있었다.

3부

여성 CEO로
산다는 것

2015년 나는 11년간 몸담고 있던 회사를 그만두고, 수출 컨설팅 회사를 차렸다. 김 과장 혹은 김 차장으로 불리던 나는 이제 대표라는, 내 얼굴에 책임을 져야 하는 이름을 갖게 되었다.

1 /

네가 바라는 것에
집중하라

『결단』의 천재표범 '천범'은 수호천사로부터 생각하는 능력을 받고 마냥 신이 났다. 그러나 그의 사고력은 좋은 쪽으로만 쓰인 게 아니었다. 그는 멍하니 나뭇가지에 앉은 채 언제 사냥을 해야 할까 어떤 먹이를 사냥할까 하염없이 생각 속으로 빠져들었다. 사자에게 사냥감을 빼앗기던 날은 마음이 심란하여 사냥에 번번이 실패하고 배고픔에 시달린다. 그러던 어느 날, 천범은 자신의 모습을 자각하고 반성한다. 사냥이란 목표에 집중하는 딱 2분의 집중력 싸움이다.

사람의 마음은 온갖 생명체가 들고나는 놀이터다. 가만히 있다 보면 느림보 코알라가 둥지를 틀고, 바삐 움직이다 보면 원망이라는 이름의 하이에나가 자리를 차지한다. 그러나 독수리와 같이 날카로운 집중력이 머리 위에 뜨면 뭇 생물은 자취를 감추고 오직 눈앞에서 빠르게 달아나는 목표와 이를 주시하며 뒤쫓는 나만 남는다. 목표와 나만 남았을 때 나는 모든 에너지를 한 곳에 투입할 수 있다.

"네가 바라는 것에 집중하라. 그러면 그것은 분명 네 것이 될 것이다."

베스트셀러 작가이자 성공철학의 대가인 나폴레온 힐이 저서 『결국 당신은 이길 것이다』에서 한 말이다.

하루는 국내시장에서 25년간 입지를 다져온 생활소비재 전문기업 ○○켐에서 해외시장진출을 위한 수출 자문 요청을 해왔다. 이 기업은 오랫동안 해외마케팅에 전념했으나 수확이 없었다. 대수술이 필요한 기업이었다.

가장 큰 문제는 타깃팅의 부재. 입질이 없는 무작위 낚싯줄을 회수하고 중국 시장 공략에 집중하기로 했다. 중국은 생활소비재 제품 수요가 높았다. 동시에 치열한 가격 경쟁을 탈피할 수 있는 방법도 찾았다. 홈페이지를 새로 단장하고 포장디자인을 싹 뜯어고쳐 프리미엄이미지를 구축했다.

코트라의 수출지원사업을 통해 중국 중부와 남부 지역에 마케팅을 집중하여 바이어를 발굴하였다. 중국 시장을 공략한 첫 해에는 시장 진입에 필요한 준비 과정, 예컨대 상표등록 등에 시일이 소요되는 바람에 가시적인 성과를 내기 어려웠다. 그러나 다음 해부터는 손에 쥐는 성과가 있었다.

중국 시장 진출에 성공한 후, 우리는 베트남 시장을 다음 공략 목표로 정했다. 수출 목표 국가는 시장조사보고서와 실제 바이어 반응을 종합적으로 검토하여 선정한다. 처음 베트남 시장조사 때는 시장성이 없어 수출이 어렵다는 보고서를 받았다. 현지 반응이 궁금했다. 수차례 수출상담회에 참석해 베트남 바이어들을 직접 만났다. 우리 기업 제품에 관심을 보이며 먼저 MOU 체결을 요청할 정도로 적극적인 베트남 바이어들의 반응에서 가능성을 엿보았다.

베트남의 소비재 유통 전문기업과 첫 수출계약을 체결함으로써 베트남 시장 진출은 첫 해부터 성과가 나왔다. 지난 2년간 수출경쟁력을 강화하기 위해 많은 노력을 기울이고 준비한 덕택이었다. 시장조사보고서만 보고 진출 여부를 결정했더라면 거둘 수 없는 성과였다.

발로 뛰기를 즐기는 사람들은 통계나 지표보다 본인의 감을 더 중시하는 경향이 있다. 통계란 게 자기에게 유리하도록 조금씩 왜곡하는 경우도 있고, 현실과 어긋나는 경우도 많기 때문이다. 때로는 아무리 객관적인 근거를 들어 안 된다고 할지라도 직접 내 눈으로 확인하기 전끼지 포기하지 않고 시도해 보는 게 옳을 수 있다. 포기는 언제든 할 수 있지만 도전은 이번이 아니면 영영 기회가 오지 않는다.

사쿠라이 쇼이치와 후지타 스스무의 공저『운을 지배하다』에서 저자들은 마작시합에서 이기는 방법을 이렇게 말한다.

"감각을 '중립상태'에 두면 믿을 수 없을 정도의 강인함과 에너지가 내면에서 뿜어져 나오는 것은 확실하다. 모든 감정이 사라진 제로의 지점, 분발심이나 전략 등의 모든 사고가 정지된 제로의 지점을 성공의 발판으로 삼았기 때문에 운을 끌어와 이길 수 있었다."

감이란 게 측정 불가능한 건 사실이지만 호수보다 고요하게 평정을 유지할 때 놀라운 힘을 발휘할 수 있다는 게 내 믿음이다.

신념이란 숨결이 닿을 때 성공이라는 현실이 된다

몇 년째 수출자문 중인 금형가공 전문기업이 있다. 이 기업은 해외고객사가 전혀 없는 수출 '제로' 상태에서 수출자문을 요청해왔다. 먼저, 수출 준비 상황을 파악했다. 회사소개서나 제품소개자료, 홈페이지가 낡아서 바이어에게 어필하기 어려운 수준이었다. 다시 쓰는 심정으로 기업 홍보자료를 바꾸었다.

우리는 두 가지에 초점을 맞췄다. 하나는 글로벌 경쟁사늘을 분석할 것, 둘은 기존의 한국식 기업홍보자료의 틀을 깰 것. 이를 통해 글로벌시장에 적합한 완전히 새로운 자료를 만드는 데 집중했다. 디자인 하나, 문구 하나 모두 전략적으로 선정했다. 외국어 홍보자료를 완성하는 데 걸린 시간은 총 6개월.

같은 기간 나는 이 기업의 장단점을 검토한 끝에 일본 시장이 가장 유력하다고 판단하고, 마케팅 전략을 세워 실행했다. 일본 시장은 기술과 품질이 까다롭고 신규 거래에 거부감이 많은 시장이라 시장 타진이 조심스러웠다. 반면 기업의 경영상태, 기술, 품질, 가격 등을 다면적으로 신중하게 평가하기 때문에 계약 과정이 까다롭기는 하지만 한번 계약을 체결하면 지속 거래가 가능하고, 돈을 떼일 염려가 없다는 장점도 있었다.

쉽지 않다는 것을 알고 시작했지만 그래도 어려움은 익숙해지지 않는 일 중 하나다. 가능성이 있는 바이어를 어렵게 찾아 상담을 하면 이미 한국의 경쟁사들과 거래를 하고 있는 곳이 많았다. 기존 경쟁사를 제치려면 훨씬 싼 가격을 제시해야 했으나 이미 마른 수건을 쥐어짠 수준이어서 더 낮추기는 현실적으로 불가능했다. 그럼에도 불구하고 기술력과 설비, 내수시장 실적을 강조하며 지속적으로 영업한 끝에 1년 만에 도요타자동차의 계열사로부터 첫 주문을 받았다. 자신감을 얻은 이 기업은 좀 더 적극적으로 바이어 발굴에 나서 여타 우수한 바이어들과도 거래를 트게 되었다.

그러나 금형가공이라는 분야가 발목을 잡았다. 신규 프로젝트에서 추가 주문을 받으려면 끊임없이 가격경쟁을 벌여야 하는 분야였고 이미 시장이 포화상태여서 중간에 거래가 끊기는 경우도 허다했다.

피를 말리는 경쟁이 이어졌다. 첫 거래 개시의 기쁨이 무색하도록 성과는 지지부진했다. 그때 나는 컨설턴트로서의 전문성과 능력을 증명해야 하는 시험대에서 기도했다. 때로는 심한 자괴감에 컨설팅을 포기할까 싶을 때도 있었다. 웬만하면 입에 올리지 않는 '포기'라는 단어가 내 머릿속에 맴돈 것도 그때가 처음이었다.

그때 지인이 말했다.

"만약 그렇게 그만둔다면, 나는 당신이 인생을 진지하게 사는 사람이 아니라고 생각할 겁니다."

그의 말은 자괴감에 빠져 있던 내 뺨을 후려쳤다. 정신이 번쩍 들었다. 모든 의구심을 뒤로 하고 오로지 바이어 발굴에 집중했다.

나는 수출 컨설팅 회사를 차린 후, 날마다 전 세계 바이어가 한국에서 찾고 있는 제품이 무엇인지 모니터링했다. 자문 기업 제품을 찾는 바이어가 있으면 신중히 검토한 후에 거래제의서를 보내 바이어와 접촉했다. 좋은 바이어를 발굴할 수 있는 효과적인 방법이었다.

컨설팅을 포기할까 고심하다 지인에게 보기 좋게 뺨을 맞고 정신을 차린 그날도 나는 수백 개의 바잉 오퍼를 뒤지고 있었다. 그러다 수많은 오퍼 가운데 일본의 한 바이어가 눈에 띄었다. 처음에는 바이어가 원하는 조건을 다 만족시킬 수 없었기 때문에 무심코 지나 쳤는데 몇 번씩 다시 돌아와 공고 내용을 살펴보니 우리 기업이 한 번 도전해볼 만하다 싶었다. 조건은 협상이 가능하리라. 거래제의서 를 보냈다.

얼마 뒤 바이어로부터 연락이 왔다. 바이어는 일본 굴지의 반도 체장비 전문기업으로, 우리 기업의 홈페이지와 회사소개 자료를 모 두 검토하고 긍정적인 평가를 내렸다며 구체적으로 협의하러 직접 방문하겠다고 했다. 첫 실사는 대만족이었다. 방문단은 경영, 설비, 품질, 기술 등 다방면에 걸쳐 확인한 뒤 흡족함을 표시했다. 이후 몇 차례의 실사를 추가적으로 받고 정식 구매계약을 맺었다. 바이어는 연간 100만 달러 규모의 주문을 확정하고, 몇 달 뒤 7만 달러짜리 주문서를 보내왔다. 첫 주문서를 받았을 때의 기쁨이란!

이번 성과는 액수보다 사업영역 확장에 더 큰 의의가 있었다. 경 쟁이 치열한 금형가공시장을 벗어나 반도체시장으로 새로 진출했 다는 것은 한 팔로 젓던 배를 두 팔로 젓는 셈이었다.

금형회사 대표는 나에게 해외영업 총괄책임자를 맡아달라고 요 청했다. 하지만 한 조직에 몸담기보다 더 많은 중소기업들의 해외 시장진출을 돕는 것이 내가 해야 할 일이라는 생각에 정중히 거절 했다.

나폴레온 힐은 성공을 위한 공식을 만들 때 여러 가지를 결합하길 즐겼다.

"성공을 위한 가장 중요한 요소는 당신의 열정과 재능을 결합한 다음, 적합한 협력자를 찾아 곧바로 행동으로 옮기는 것이다. 그러나 여기에 당신과 목표에 대한 신념이 더해질 때 진정한 개인별 성공공식이 완성된다."

그러나 나는 이 말보다 '물질적, 재정적 상황은 신념을 통할 때 비로소 바람이 믿음으로, 그리고 믿음이 현실로 전환된다'는 말을 더 좋아한다. 이 말에서 마치 흙으로 빚고 숨결을 불어넣으니 사람이 되었다는 어느 종교의 구절이 연상된다. 공장설비와 자본이라는 진흙은 신념이라는 숨결이 닿을 때 비로소 성공이라는 현실이 된다. 숨결이 눈에 보이지 않듯이 신념 역시 눈으로 확인이 불가능한 거이다. 그래서 돈보다 값어치 있다. 그렇게 믿는다.

2

시작하는 방법은 그만 말하고
이제 행동한다

월트 디즈니가 애니메이션 제작자가 될 무렵은, 애니메이션이 뭐에 쓰는 물건인지 상업적으로 이해하고 있는 사람들이 거의 없던 시절이었다. 〈꽃과 나무〉라는 단편 애니메이션을 멋지게 성공시키며 애니메이션의 가능성을 확인한 후에도 회의적인 시선이 계속 그를 따라다녔다. 이런 분위기 때문이었다. 디즈니가 장편 애니메이션을 제작하겠다고 공표하자 언론은 일제히 포문을 열었다. "디즈니가 바보짓을 한다!"

마대한 자본은 둘째 치고 과연 장시간 상영되는 애니메이션에 아이들이 집중할 수 있을지 우려하는 목소리가 컸다. 그러나 〈백설 공주와 일곱 난쟁이〉는 의심의 시선을 깨끗이 지우고 대성공을 거두었다. 월트 디즈니가 말했다.

"시작하는 방법은 그만 말하고 이제 행동한다."

나는 그 무렵, 남편을 잃고 힘든 시기를 보내고 있었다. 아무것도 손에 쥘 수 없는 상황에서 억지로 정신을 차리고 한 달간 중소기업청의 '시장개척전문기업 모집' 사업에 지원하는 데 필요한 준비를 했다. 한동안 일과 멀어져 있던 나는 이 사업을 통해 일어설 수 있으리라 기대했다. 그러나 사업에 탈락했다. 의욕은 바닥이었다.

새싹은 어떻게 고목에서 돋아날까? 우리 인생 역시 불모지에서 푸른 잎이 자라기를 기다려야 할 때가 있다.

얼마 뒤 경기도 경제과학진흥원의 글로벌 파트너십 구축 컨설팅 사업에 도전했고, 경기도가 전액 지원하는 이 사업 중 세 건의 대형 컨설팅 프로젝트에 선정되었다.

이 사업은 이제까지 주력했던 수출컨설팅 분야보다 기술, 자본 합작투자에 더 특화되어 있었기 때문에 처음에는 긴가민가 했다. 그러나 덜컥 선정자가 되었다. 이유가 무엇이었을까? 프로젝트 담당자에 따르면 수년간의 풍부한 글로벌 비즈니스 경험과 다양한 수출자문 경험 및 전문성이 높이 평가돼 다른 경쟁자보다 많은 프로젝트에 선정되었다고 한다. 컨설팅사업 책임자는 내가 제출한 컨설팅 성과목표가 너무 높아서 달성할 수 있을지 매우 걱정스러워했다. 장기간의 준비와 협의를 통해 진행해야 하는 글로벌 비즈니스를 4개월이라는 최단 기간에 추진해야 했으니 나조차 목표를 달성할 수 있을지 장담하기 어려웠다.

건축용 PE 파이프를 전문 생산하는 B 산업은 국내 내수시장 의존도가 높고 무역회사를 통한 간접수출에 주력하고 있었다. 더구나 직접 수출하려 해도 해외마케팅 경험이 전무했고 해외네트워크도 거의 없었다. 해외기업과의 글로벌 파트너십 구축이 절대적으로 필요했으나 시간이 절대적으로 부족했다. 책상머리에 앉아 서류나 만지고 있을 틈이 없었다. 직접 발로 뛰는 것이 가장 효과적인 방법이었다.

마침 무역협회에 '말레이시아 구매사절단 초청 네트워킹 상담회' 공고문을 보고 신청했으나 신청자가 몰리며 조기 마감되었다. 정문이 닫히면 뒷문이 열린다. 상담회 당일 나는 무역협회에 찾아가 '꼭 만나고 싶은 말레이시아 기업이 있으니 인사라도 할 수 있도록 도와달라'고 부탁했다. 무역협회 담당자는 말레이시아 기업의 상담 스케줄이 확정되어 어렵다며 상담장에 입장하는 것도 거절했다. 수차례 부탁하자 책임자가 나왔다.

"간단히 인사만 하고 가시는 걸로 하시죠."

나는 말레이시아의 건설 및 건축자재 전문기업인 T그룹의 회장을 만나려고 상담장 입구에서 기다렸다. 한참을 기다리자 그룹 회장이 잠깐 휴식을 취하러 상담장을 빠져나오는 게 보였다. 재빨리 다가가 카탈로그를 보여주며 PE 파이프에 관심이 있는지 물었다. 그는 어떤 용도의 파이프가 있는지 물었고, 토목공사용 특수파이프에 관심을 보이더니 '잠시 외출하고 돌아올 예정이다. 오후 2시에 상담 부스로 찾아오라'며 자리를 떠났다.

네 시간을 기다린 끝에 T그룹 회장과 첫 미팅을 갖게 되었다. 미팅이 끝나고 글로벌 파트너십 구축을 위한 기업협력 MOU 계약 체결을 요청했다. 그가 MOU 계약서를 검토할 때, 계약서에 서명할 때만 쓰는 가장 좋은 만년필을 그에게 건네자 그는 웃으며 계약서에 사인을 마쳤다.

코트라의 한-사 연계 비즈니스 파트너십 상담회에서 사우디아라비아의 A그룹과 첫 번째 MOU 계약을 한 후 두 번째 MOU 계약체결에 성공함으로써, B 산업은 글로벌 네트워크를 확장하고 글로벌 시장 진출 가능성을 확인하게 되자 큰 자신감을 갖게 되었다.

나를 환영해주는 사람이 아무도 없는 곳에서 한 명씩 내 편을 만들어가는 것이 영업이라는 활동이다. 이건 정말로 중독성이 강하다.

4개월간 3개 중소기업을 대상으로 글로벌 파트너십 컨설팅 프로젝트를 수행한 끝에 중국, 베트남, 러시아, 일본, 사우디, 말레이시아 등 6개 국가, 총 7개 해외기입과 업무협약 MOU를 체결하고, 15만 달러의 수출실적을 올려 참가한 컨설팅 수행기관 중 최다, 최고의 성과를 거두었다. 내가 수립한 목표를 100퍼센트 초과 달성한 수치였다.

새싹은 고목에서 난다

수출자문과 글로벌 마케팅을 의뢰하는 고객사 대표들은 해외 바이어를 어떻게 찾는지 무척 궁금해한다. 무슨 노하우가 있는지, 글로벌 인맥이 있는지 묻는다. 글로벌 비즈니스 네트워크의 멤버로 오랫동안 활동해온 나는 전 세계 수십 개국의 글로벌 네트워크를 플랫폼으로 활용해 인맥을 넓힐 수도 있다. 하지만 네트워크가 아무리 좋아도 몇 통의 이메일을 통해 내게 딱 맞는 파트너를 찾아내기란 하늘의 별따기다. 실제로 수십 통의 이메일을 보낸 적도 있지만 성의 있는 답장을 받은 경우는 드물었다.

이제까지 시도해본 방법 가운데 가장 효과적인 것은 역시 발로 뛰는 방법이었다. 비즈니스 상담회나 전시회에 참가하여 조건 맞는 바이어를 찾는 것이 가장 공격적이고 효과적인 바이어 발굴 방법이다. 앉아서 클릭 하나로 다 되면 얼마나 좋겠는가. 시간도 아끼고 돈도 절약할 수 있다. 하지만 손 안 대고 코를 푸는 방법은 없다.

그래서 내가 찾은 방법이 한국에서 개최되는 다양한 비즈니스 상담회다. 외국의 많은 바이어들이 한 자리에 모이기 때문에 최소 비용으로 최대 효과를 기대할 수 있는 가장 좋은 기회다. 다만 시간이 한정되어 있어 상담할 수 있는 바이어가 제한되고, 꼭 만나고 싶은 바이어가 있어도 우리 제품에 관심이 없으면 거절당하는 경우도 많다.

비즈니스 상담회가 잡히면 며칠 동안 눈이 빠져라 바이어 리스트를 들여다보며 적합한 바이어를 선별하고 어떻게 미팅할 것인지 계획을 세운다. 그렇게 준비를 철저히 해도 상담을 모두 거절당하는 경우도 왕왕 있다. 그럴 때는 '오라는 곳은 없어도 갈 데는 많다'라는 신념으로 카탈로그와 명함을 들고 무작정 바이어 상담 장소를 찾아다녔다. 바이어가 상담이 끝나고 잠깐 쉴 때를 기다렸다가 쫓아가서 카탈로그를 건네며 제품에 관심이 있으면 잠깐 소개해도 되겠느냐고 양해를 구하고 5분 정도 선 채로 제품을 소개한 후 명함을 부탁해서 받아들고 왔다. 나는 이것을 '국제 찌라시'라고 부른다. 상담장에서도 많은 거절을 당하기 때문에 "NO"라는 답변을 덤덤하게 받아들이는 훈련이 필요하다. 하지만 새싹은 고목에서 난다. 용기를 내지 않으면 봄날을 맞이할 수 없다. 수령 500년의 나무는 온실에서 자라지 않는다. 플랜은 최대한 단순하게 잡고 내 남은 모든 에너지를 계획되지 않은 생동감 넘치는 현실에 집중한다.

얼마 전에 수출자문 중인 한 기업의 바이어 상담회에 동행한 적이 있다. 기업 담당자는 많은 바이어를 만나야 하기 때문에 작전을 잘 짜야 한다며 의욕을 보였다. 하지만 정작 만나고 싶은 바이어는 계속 상담 중이라 만날 기회조차 잡을 수 없고, 어떤 바이어는 막상 다가가려니 거절할까 두려워 주저하게 되고, 용기 내서 다가간 바이어는 우리 제품에 관심이 없었다.

의욕과 준비 상태가 실전에서의 성공을 보장하지는 못한다. 이보다는 '안 되는' 그 지점에서 보다 적극적으로 다가설 때 바이어들과 대화할 가능성이 높아지고, 예상치 못한 좋은 성과를 거둘 수 있었다. 그렇게 다가갈 때 상담을 거절하던 바이어를 극적으로 만나기도 하고, 무턱대고 카탈로그를 들이밀었는데 바이어가 의외의 관심과 호응을 보이기도 한다. 별로 기대하지 않은 순간에 바이어와 수출 MOU 계약을 체결하는 경우도 맞이한다.

의욕이 꺾이고, 용기가 반감되는 그 순간은 누구도 피할 수 없다. 그러나 이때 '나의 감정'이 아닌 그 상황 자체에 집중하는 자는 닫혀 있던 기회의 문을 조금씩 연다. 감정이 아닌 너의 손이 대응하게 하라.

세계적인 동기부여 트레이너인 브렌든 버처드는 저서 『두려움이 인생을 결정하게 하지 마라』에서 이렇게 말했다.

"기다림은 이제 그만, 지금까지 흘려보낸 시간으로 충분하다. 어느 날 어떤 사람이나 행운이 찾아와 내게 더 풍성한 기회를 내밀 것이라는 헛된 기대는 버리자. 구원은 밖에서 오지 않는다."

우리의 마음 안에는 월트 디즈니를 비난하던 목소리들이 있다. 너는 안 된다며 손가락질을 하는 많은 손짓이 있다. 다시 디즈니의 말을 되새길 때다.

"시작하는 방법은 그만 말하고 이제 행동한다."

3

친구의 친구의 친구가
신뢰를 일깨우다

2015년 가을, 체코에서 개최되는 '브루노 국제 엔지니어링 전시회'에 참가했을 때다. 우리 기업의 전시부스 맞은편에는 중국 기업들이 있었다. 중국 기업의 전시회 참가자들은 우리 전시부스에 와서 자주 말을 걸며 한국 기업과 한국 사람에 많은 관심을 보였다. 그중에 한 중국 친구는 아주 적극적이었고 한국 친구를 사귀고 싶다고 했다. 몇 번을 계속 찾아와 한국 화장품에 관심이 있다며 한국 화장품 회사를 소개해 달라고 부탁했다. 나는 한번 알아보겠다고 말하고 한국으로 돌아왔는데, 그 중국 친구의 연락은 이후로도 계속되었다. 경영자 모임의 지인들이 알고 있을 것 같아 화장품 회사 몇 곳의 연락처를 받아 중국 친구에게 전달하고 잊고 있었다.

한참 뒤, 그 중국 친구로부터 연락이 왔다.

"소개해준 화장품 회사 중 한 곳과 거래를 시작하게 되었습니다. 선불을 요구해서 돈을 부쳤는데 물건이 아직까지 도착하지 않았네요. 한국 화장품 회사가 자꾸 연락을 피하고 있어서 불안하니 확인 좀 부탁드립니다."

화장품 회사를 소개해준 지인에게 상황 파악을 부탁했다. 얼마 후, 지인으로부터 연락이 왔는데 화장품을 이미 중국으로 보냈다고 했다. 중국 친구에게 소식을 전하니까 돈을 송금한 지 한 달이 지났지만 아직 물건을 못 받았다며 다시 확인을 부탁했다.

무슨 상황인가? 한국에서는 보냈다고 하고 중국에서는 못 받았단다. 목마른 사람이 우물 판다고, 화장품 회사 담당자 연락처를 물어 직접 전화를 걸었다. 화장품 회사 담당자는 화장품을 보낸 것이 확실하다며 같은 말을 되풀이했다. 나는 증빙자료를 요청했다. 수차례 독촉해서 어렵게 증빙자료를 받아 중국 친구에게 전달했다.

얼마 후 중국 친구로부터 연락이 왔다. 화장품이 일부만 도착했다는 내용이었다. 화장품 회사 담당자에게 이유를 물으니 그동안 화장품 가격이 많이 올라서 전부 보낼 수 없다는 답변이 돌아왔다. 중국 친구에게 답변을 전달하니 어이없어 하며 그 화장품 회사와 내가 도대체 어떤 관계인지를 자꾸 물었다. '친구의 친구의 친구' 회사라고 얘기하니 놀라는 눈치였다. 나도 중간에서 정말 난감했다. 중국 친구는 매우 난감해하며 말했다.

"고객들이 한국 화장품을 사겠다고 의뢰한 상태입니다. 의뢰받은 한국 화장품을 공급해야 하는데 물건이 없어서 신뢰를 잃을 처지예요. 제발 좀 도와주세요."

이럴 때는 어떻게 해야 올바른 처신일까? 이 중국 친구에게는 내가 유일한 한국 친구였다. 그를 도와줄 다른 사람이 없다는 것은 나도 잘 알고 있었다. 고민이 깊어졌다.

만일 내가 '당사자들이 알아서 한 일이다, 도울 수 없다'고 선을 그어버리면 어떻게 될까? 내가 아무리 '친구의 친구의 친구'라고 주장해도 중국 친구는 내 말을 믿지 않을 것이다. 어쩌면 나를 그들과 한패라고 의심하리라. 뜻하지 않게 얽힌 일이었지만 내가 풀어야 할 숙제처럼 느껴졌다.

중국 친구는 문제 해결을 위해 한국행 비행기에 몸을 실었다. 나는 그 사이 신뢰할 만한 화장품 회사 몇 곳을 새로 알아두고 상담 스케줄을 잡았다. 또 문제의 화장품 회사도 만나려고 연락했지만 '해외 출장 중'이라는 문자가 유일한 답신이었다. 중국 친구는 두 명의 동료와 함께 입국했다. 인천공항에서 픽업하고, 매일 아침 호텔로 달려가 화장품 회사까지 이동시키고, 상담통역까지 도왔다.

나는 단지 그들이 하는 행동을 지켜봅니다

이번 방문에서 가장 중요한 일은 문제의 회사를 찾아가 못 받은 화장품을 받든지 아니면 돈을 환불받는 것이었다. 중국 친구들이 한국에 머무는 5일 동안, 그들을 만나는 아침부터 헤어질 때까지 종일토록 그들의 걱정을 들어야 했다. 무척 괴로운 일이었다. 화장품 회사를 소개한 지인에게 도와달라고 수차례 전화를 걸었으나 돌아오는 답변은 늘 같았다. "담당자가 해외에 있어서 연락이 안 된다네요."

그런데 중국 친구들과 대화를 나누던 중 극적으로 그 화장품 회사 담당자가 근무하는 곳이 어디인지 실마리를 찾게 되었다. 그동안 연락했던 사람은 화장품 회사의 담당자가 아니라 개인 자격으로 화장품을 도매로 사서 중국에 공급했고 실제 다니는 회사는 다른 곳이었다. 인터넷으로 회사를 검색해서 주소와 연락처를 찾아냈다. 전화를 걸어 아무개 씨를 찾았다. 지금 통화 중이라는 답변이 돌아왔다. 진짜 그런 사람이 일하고 있는지 확인 차 걸었던 전화였다. 우리는 무작정 그 회사의 주소로 찾아갔다. 하지만 찾아간 주소에는 다른 회사가 있었다. 물어보니 얼마 진에 이사 온 회사라고 했다. 디시 이리저리 검색하니 다른 주소가 나왔고 그 주소지로 달려가서 기어이 문제의 회사를 찾았다.

"아무개 씨를 만나러 왔습니다."

"외근 중인데요. 아마 오늘은 돌아오지 않을 것 같습니다."

방금 전까지 통화 중이던 사람이 갑자기 사라졌다는 게 믿기지 않아 밖에서 기다리기로 했다. 그렇게 중국 친구들과 함께 크리스마스이브의 추위에 떨며 몇 시간 동안 잠복했다. 퇴근시간까지 기다리다 지치면 사무실로 다시 올라가 아무개를 찾았다. 그러나 만날 수 없었다. 마지막으로 내 명함을 전해달라고 부탁하자 아무개가 나타났다.

중국 친구들은 이미 화가 머리끝까지 치민 상태였다. 한동안 아무개를 향해 고래고래 소리를 질렀다. 아무개는 적반하장이었다. 중국 친구들은 경찰을 불러달라고 외쳤다. 그런 후에 한참 동안 진지한 이야기가 오갔다. 다행히 화장품을 모두 받기로 극적으로 합의했다. 두 시간쯤 떨어진 곳으로 가서 잔여 화장품을 모두 받았다.

중국 친구들을 호텔에 데려다주고 집으로 돌아오니 새벽 2시가 넘었다. 평생 잊지 못할 크리스마스이브였다. 마음이 홀가분했다.

중국 친구가 중국으로 돌아가던 날, 이렇게 말했다.

"앞으로 한국과 새로운 비즈니스를 하게 된다면 반드시 당신을 통해서 할 겁니다. 만약 중국에서 무슨 일이 있으면 꼭 나에게 연락해 주세요."

2년 뒤 나는 글로벌 파트너십 컨설팅을 하며 최단 기간에 해외

기업과 기업협력 MOU를 체결해야 하는 목표를 떠안고 스트레스를 견디고 있었다. 많은 노력을 들였음에도 불구하고 총 여섯 건의 MOU 목표 가운데 마지막 한 건을 달성하지 못해 심적 고통이 이만저만 아니었다.

그때, 갑자기 중국 친구가 떠올랐다. 2년 만의 전화였는데 그 친구의 첫마디는 "무엇을 도와줄까요?"였다.

그는 나를 여전히 기억하고 있었으며, 그때의 고마움 때문에 내가 부탁하는 무엇이든 기꺼이 도울 준비가 되어 있음을 직감할 수 있었다. 그 친구의 도움으로 MOU 체결 목표를 달성했다.

미국의 카네기철강회사의 설립자이자 자선사업가인 앤드류 카네기는 이렇게 말한다.

"나이가 들면서 나는 사람들이 하는 말에 주의를 덜 기울입니다. 나는 단지 그들이 하는 행동을 지켜봅니다."

카네기도 평생 수많은 사람을 만나고 그들을 지켜보며 말보다 행동이 더 중요함을 깨달았으리라. 수백 마디 말보다 한 번의 행동이 호소력이 짙다. 나를 믿으라고 아무리 말해도 행동이 뒤따르지 않으면 사람들은 의심의 눈초리를 풀지 않는다. 무엇이 진짜인지 갈수록 알기 힘들어지는 시대에 내가 진짜임을 증명하는 길은 딱 하나다. 그 행동이 당신을 만들고, 당신에 대한 세상의 신뢰도 만든다.

4

긍정적 확신과 간절함은
최선의 방법이다

한국의 건실한 주차관제 시스템 회사의 대표인 지인은 매출 확대 방안을 놓고 고민이 깊었다. 그는 여러 가지 영업 전략 중에 공공기관 주문량을 늘리는 것이 가장 확실한 매출 확대 방법이라고 판단, 지난 1년 동안 조달청 우수조달제품인증에 관심을 두고 있었는데 아직도 진행 과정을 몰라 답답하다고 했다.

아마 그는 답답한 심정을 토로하고 싶었던 모양이다. 그런데 내 입에서 우수조달제품인증을 추진하는 방법과 성공 노하우, 국내외 마케팅의 특징과 기업의 성장단계별 마케팅 전략의 우선순위 등이 거침없이 쏟아지자 지인은 눈을 동그랗게 떴다.

"그런 일도 해봤어? 전혀 몰랐네?"

놀란 김에 예전 이야기까지 들려주었다. 삼성전자 1차 협력사에서 수년간 삼성전자 영업담당자를 했고, 국내영업을 하며 동시에 해외시장을 개척하러 전 세계를 뛰었고, 그런 국내외영업의 경험을 바탕으로 기업의 의뢰를 받고 수출자문도 해주고 그러다 보니 최근에는 경영자문도 같이 하게 되었다는……. 알고 지낸 지 꽤 오래되었지만 처음 듣는 이야기라며 그는 입을 다물지 못했다.

"왜 그런 이야기는 안 했대?"

"물어본 적 없잖아."

나는 지인에게 인증 획득을 믿고 맡길 만한 기업을 추천해 주는 동시에 인증대행기관과의 첫 미팅을 주선하고 미팅에도 함께 참석해 앞으로 잘 진행해줄 것을 부탁하고 마무리했다.

과거의 경험은 하나도 버릴 것이 없다. 해외영업을 위해 국내영업을 감수하던 시절의 경험은 뜻하지 않던 곳에서 힘을 발휘하는 일이 많다. 우수한 금형기술을 갖춰 혁신적인 공법의 건축자재 개발에 성공한 ○○MS를 도울 때도 마찬가지였다.

○○MS는 수출자문을 시작하던 당시 막대한 기술개발자금과 시설자금 투자로 힘든 시기를 겪고 있었다. 어렵게 러시아 시장으로 진출했으나 내가 보기에는 지금 급한 건 수출이 아니었다.

처음 내 입에서 경영안정이라는 단어가 나왔을 때 ○○MS 대표는 난감한 표정을 지었다. 수출자문을 듣고 싶었는데 국내영업에 더 신경을 써야 한다니? 나는 국내영업 시절의 일을 근거로 제시하면서 내수시장의 중요성을 강조했다. 빠른 시일 내에 국내매출을 끌어올려 경영을 안정화시키지 못하면 수출은 그림의 떡이었기 때문이다. 다행히 대표는 수긍했다. 우리는 수출을 당분간 보류하고 국내의 한전과 같은 공공기관 영업에 집중하는 것으로 마케팅 전략을 바꿨다. 공공기관에 공급하려면 조달청에 우수제품으로 등록해야 한다. 하지만 인증 획득은 까다로웠다. 두 번의 실패 끝에 세 번째 도전에서 인증 획득에 성공했다. 이 과정에서 업체 대표는 계약금을 포기하면서까지 우수조달인증에 실패한 인증대행기관을 과감히 교체했다. 나는 '하면 된다'는 긍정적인 확신과 이것이 이 기업을 살리는 최선의 방법이라는 간절함을 갖고 있었다.

우수조달제품인증에 성공한 후 매출은 꾸준히 확대되었다. 여러 공공기관으로부터 주문이 늘기 시작하면서 경영은 빠르게 안정을 되찾았다. 몇 년 전 건축전시회에서 처음 만나 인연을 맺은 J발전으로부터 최근 큰 규모의 주문을 받은 것은 성장 과정에서 나타나는 자연스러운 성과 가운데 하나였다. 이 업체는 우수조달제품인증의 성공 경험을 발판으로 다시 '신기술제품인증(NEP)'에 도전해 인증 획득을 눈앞에 두고 있다.

진짜 선수는 자랑하지 않는다

며칠 전에 한 의사인 지인을 만나 식사할 때, 일본의 고객사로부터 전화가 걸려왔다. 지인은 일본인과 일어로 대화하는 것을 보고 새로운 모습에 신선해했다. 그런데 다음 식사 때는 공교롭게도 중국 지인으로부터 전화가 와서 중국어로 대화하자 또 놀라워했다. 평소에 지인을 만나면 내가 어떤 능력이나 실력이 있는지, 어떤 인맥이 있는지, 어떤 성공스토리가 있는지보다 앞으로 무엇을 하며 어떻게 가치 있게 살아갈 것인가를 주로 이야기한다.

그 때문이다. 지인들은 내가 4개 국어 가능자에 국내외 영업전문가로 경제발전과 수출에 기여한 공로를 인정받아 수많은 유공자상을 받았고, 한국기술벤처재단 글로벌 기술사업화 전문위원과 경기도 기업SOS지원센터의 수출자문위원으로 위촉된 검증된 컨설턴트이자, 한국농수산식품유통공사 등과 같은 공공기관의 무역실무강사라는 프로필을 나중에 알고 많이 놀라곤 했다.

굳이 그런 프로필을 강조하지 않는 이유는 진짜 선수라면 과거에 내가 얼마나 잘나갔는지, 내가 지금 어떤 타이틀을 가지고 있는지가 아니라 내 능력과 경험, 타이틀을 가지고 '앞으로 무엇을 할 수 있는가?'를 말해야 한다고 생각하기 때문이다. 얼마나 잘났는지를 말하는 순간 상대방은 마음을 닫고 입을 닫는다. 내 경험이 상대방의 고민에 대한 도움이 될 것인지, 그냥 자랑에 그칠지는 내가 어떤 마음으로 상대방에게 나의 스토리를 전달하느냐 하는 자세에 달려 있다고 생각한다.

『나를 바꾸면 모든 것이 변한다』에서 영적 수행가인 제임스 알렌은 이렇게 말했다.

"훌륭한 업적을 세우고 항상 주위에 큰 영향을 끼치는 사람들을 보며 '저 사람은 얼마나 행운아인가, 얼마나 많은 혜택을 받고 있는가'라고 말하며 더 나은 삶을 꿈꾸면서 그들이 흘려 왔을 피와 땀 그리고 눈물에는 결코 시선을 돌리지 않는다. (……) 그들은 강한 신념을 가지고 많은 희생을 하면서 끈질기게 노력을 해왔고, 이상을 실현하기 위해 노력하면서 많은 난관을 극복했으며 어떤 것도 쉽게 이루어진 것은 없다. 그들의 어두운 부분을 보지 못하고 눈부신 결과를 보며 행운아라고 단정 짓는 사람은 아무리 시간이 흘러도 행운이 찾아오지 않는다."

2017년 무더운 여름날, 한국농수산식품유통공사에서 해외로 파견할 '농식품 청년해외개척단'으로 선발된 대학생들을 대상으로 무역 강의를 한 적이 있었다.

"나는 해외시장을 개척할 때 혼자 모든 것을 해야 했어요. 가르쳐 주는 사람이 없어서 맨땅에 헤딩하며 깨지면서 혼자 해외영업을 배웠죠. 맨땅에 헤딩하면 많이 아프죠. 많이 좌절했어요. 그래서 여러

분은 덜 아프고 덜 좌절했으면 좋겠어요. 그래서 오늘 하는 교육이 필요해요."

말이 끝나자 학생들이 박수를 치기 시작했다. 예상치 못한 반응이었다. 자신의 삶을 치열하게 고민해온 그들에게 정말 필요한 위로와 격려였다는 생각에 기뻤다.

아프니까 청춘이라며 '청춘은 아파도 된다'라고 생각하기도 한다. 나는 아들이 덜 아프고 성장하면 좋겠다는 마음처럼, 이 시대를 살아가는 모든 도전자들이 덜 아프며 자신의 길을 걸어가기를 바란다. 이제까지 그 모든 것을 이루는 과정에서, 스승이 없어 내가 나의 스승이 되어야 하는 고통을 겪었다. 그래서 다른 이들에게는 좋은 멘토이자 좋은 조언자가 되기를 주저하지 않는다. 진짜 선수는 다른 사람의 위에 서는 존재가 아니라 다른 사람의 거름이 되는 존재가 되어야 한다. 그것이 이 땅에 태어난 쓰임을 다하는 것이요, 가장 인간답게 사는 일일 테다.

5

답이 없을 땐
자신의 감각을 믿어라

생텍쥐페리는 『인간의 대지』에서 항공기 조종사 수련 시절 이야기를 들려준다. 그는 스페인의 험난한 산맥을 넘어가는 비행을 앞두고 걱정과 두려움에 동료 기요메에게 조언을 구했다. 기요메가 말했다.

"간혹 폭우나 안개, 눈 같은 게 자네의 앞길을 막을 때도 있겠지. 그러면 자네에 앞서 모든 조종사들이 그와 같은 상황을 겪었다는 사실을 생각하게. 그리고 스스로에게 그냥 이렇게 말해. '다른 사람이 해냈다면, 내가 해낼 가능성도 언제나 열려 있는 것이다'라고 말일세."

도전하는 자에게 갑작스런 폭우나 안개, 눈보라는 친구다. 그들은 우리가 새로운 일에 도전하는 만큼 늘 캄캄한 암흑처럼 우리 앞에 다가선다. 이렇게 한 치 앞도 보이지 않는 암흑에 처하면 믿을 건 자신의 감각밖에 없다.

2016년 가을, 경기도 의왕시청으로부터 자문 의뢰가 들어왔다. 그들은 자매결연 도시인 중국 센닝시의 무역사절단을 한국에서 열리는'G-Fair 전시회'에 참가시키는 프로젝트를 진행해야 했다. 의왕시청이나 나나 무역사절단 초청 사업은 처음이었다. 전시회에 참가하려면 샘플을 들여와야 했으며, 중국 기업인의 한국 방문 과정에 차질이 없어야 했다. 처음에는 제품과 사람만 안내하면 되는 간단한 절차처럼 보였지만 과정을 검토하는 과정에서 생각만큼 쉬운 일이 아님을 깨달았다. 준비해야 할 게 워낙 많았다.

우리는 오랫동안 함께 호흡을 맞춰온 관세사, 국제운송사와 같은 파트너들에게 전화를 걸어 의왕시청으로 방문해 달라고 요청했다. 파트너들은 샘플을 중국에서 한국으로 수입하기 위한 운송과 통관에 관한 전문적인 조언을 들려주었다.

가장 큰 걸림돌은 수출허가가 안 난 중국 기업의 샘플을 들여오는 일이었다. 나는 두 달 동안 의왕시청 책임자와 매일 수차례 통화를 하며 마치 007 작전을 수행하는 사람처럼 샘플과 기업인의 공수 작전을 완수했다. 이 모든 과정은 파트너들의 전폭적인 도움이 없었으면 불가능했을 것이다.

중국 기업인들이 전시회에 참가하는 기간 동안, 제품을 홍보하고 좋은 한국 고객을 만날 수 있도록 상담과 중국어 통역을 지원했다. 나는 좀 더 정확한 커뮤니케이션을 하려고 중국어 학원도 다시 다니며 무뎌진 중국어 실력을 다듬고, 동시에 중국인 지인에게 도움을 청하기도 했다.

성과가 하나둘씩 나타났다. 쌀 빵을 만드는 지인에게 과일을 건조가공해서 판매하는 중국 기업을 소개해 샘플계약을 체결하기도 했고, 우비를 생산하는 중국 기업은 도미니카 공화국의 바이어를 만나 구체적인 거래 방식에 대해 진지하게 상담했다. 의왕시청 관계자들은 기대치를 웃도는 성과에 기뻐했다. 전 세계 어떤 바이어가 와도 영어, 일어, 중국어로 무역상담을 진행하는 사람이 있어서 만족스럽다며 나를 치하했다.

매일 새벽 6시에 집을 출발해서 늦은 밤까지 중국무역사절단의 전시회 참가와 쇼핑, 식사까지 모든 일정을 지원하는 일은 관계자들로서는 생전 처음 겪는 강행군이었다. 분주한 일주일이 지났다. 전시회를 마치고 중국 기업들이 귀국하는 날, 새벽 5시에 호텔로 가서 중국 기업인들을 픽업해서 공항까지 함께 이동했다. 이제 그들이 발권해서 출국장으로 들어가면 의왕시청의 모든 공식일정은 완벽하게 마무리된다. 공항에 도착한 우리는 이제 곧 발 뻗고 쉴 수 있다는 생각에 잠시 마음을 놓았다.

그런데 사건이 터졌다. 공항에 도착하여 한참 줄을 서 있던 중국 기업 중 한 기업이 발권 직전 자신들은 오늘 중국으로 돌아가는 비행기를 타지 않는다고 밝혔다. 너무나 갑작스러운 일정 변경이었다. 일단 행사 공식일정표와 비행기 스케줄을 재확인하고 스케줄을 잘못 알고 있는 것이 아닌지 물었으나 돌아가지 않는다는 말만 반복했다.

새벽부터 호텔 픽업에 동행한 의왕시청 책임자와 관계자들은 한동안 당황한 표정으로 아무 말도 하지 못했다. 정부기관의 공식행사는 정부기관의 관리, 감독하에 진행되고 마무리되어야 한다. 그런데 의왕시청의 초청으로 한국을 방문한 그들이 한국에 체류하다 예상하지 못한 사건에 휘말리면 그 책임은 고스란히 의왕시청의 몫이 된다. 더욱이 사전에 스케줄 변경을 의논한 적이 없었기 때문에 담당자들의 당황했다.

의왕시청 책임자는 굳은 얼굴로 한국 방문 일정을 관리하는 다른 담당자에게 전화를 걸어 현재 상황을 전달했다. 그 역시 처음 듣는 얘기라며 당황해했다. 의왕시청 담당자는 화가 나서 중국 센닝시 담당자에게 연락해서 어떻게 된 것이냐고 강하게 항의했다. 문제 해결의 실마리는 보이지 않았다. 당황과 난감함이 교차하는 상황이었다.

문득 한 사람이 떠올라 전화를 걸었다. 그는 중국 기업의 한국 파트너라고 자신을 소개하며 중국 기업 참가자들을 만나기 위해 전시회에 다녀간 사람이었다. 그때 잠깐 인사를 나누며 명함을 받은 기억이 났다. 어쩌면 그가 이 곤란한 상황을 해결할 수 있는 유일한 사람이라는 생각이 들었다. 나는 그 사람에게 현재 상황을 전달하고 이렇게 덧붙였다.

"이 상황을 수습할 수 있는 사람은 당신밖에 없는 것 같습니다. 지금 곧 공항으로 와주세요."

잠시 후 그가 공항에 도착했다.

"지금 시청 관계자들이 무척 당황하고 있습니다. 귀국까지 책임지는 게 그들의 업무인데 안 가겠다고 버티고 있으니 답이 없는 거죠."

한국 파트너는 중국 기업인들과 한참 이야기를 나누더니 자기가 알아서 중국으로 보내겠다며 그들을 데리고 갔다. 그렇게 꿈 같은 상황이 해결되었다. 점심이 가까운 시간, 우리는 멍한 표정이 되어 공항을 빠져나갔다.

전 세계를 다니며 일을 하다 보면 전혀 예상하지 못한 돌발 상황을 겪기 마련이다. 혼자 모든 일을 해결해야 할 때 나의 나침반은 나 자신의 감각이었다. 감각을 믿고 과감히 실행할 때 거의 대부분의 문제가 해결되었다. 그렇게 훈련을 반복한 덕분에 웬만한 상황에서는 놀라지 않는다. 정신을 차리고 문제에 집중하면 그때 감각이 활성화되면서 해결책을 찾게 된다.

인생에 완벽한 준비란 없다

10여 년 전, 삼성전자 인도네시아 법인의 영업담당을 하던 때였다. 인도네시아 법인의 현지 담당자들과 업무를 협의하러 인도네시아로 자주 출장을 다녔다. 그 당시는 국내영업과 해외영업을 동시에 하느라 거의 매일 새벽까지 일했다. 특히, 해외출장을 앞두고는 새벽까지 급한 업무를 처리하고 가족들이 먹을 음식을 준비하다가 두세 시간 정도 눈을 붙인 뒤 여권을 챙겨 허겁지겁 출장을 떠나곤 했다.

그렇게 정신없이 인도네시아 출장을 가던 어느 날, 잠도 부족하고 피곤한 상태로 아무 생각 없이 인도네시아 자카르타공항에서 입국심사를 받았는데, 여권 유효기간이 6개월 이상 안 남았다는 이유로 입국이 거절되었다. 그동안 수차례 인도네시아로 출장을 다녔으나 입국에 아무런 문제가 없었고 그런 입국 조건이 있는지도 몰랐기 때문에 무척 당황스러웠다. 여권 유효기간을 확인하니 그날이 정확히 6개월 남은 날이었다. 삼성전자 인도네시아 담당자들과 만나기로 한 약속을 지켜야 하기 때문에 그대로 한국으로 돌아갈 수는 없었다. '이 상황을 이떻게 해결하지?' 잠시 고민에 빠졌다.

입국심사관은 심층 인터뷰 룸으로 가라고 했다. 심사를 대기하면서 해결책을 고민하고 있었다. 그때, 심층인터뷰를 받고 있는 누군가가 지갑에서 돈을 꺼내는 모습을 보았다. 나도 돈을 좀 주고 사정해봐야겠다고 생각했다. 그래서 조용히 몸을 돌려 출장비 봉투를 꺼내 내가 쓸 돈을 꺼낸 다음 아주 조금만 봉투에 남겨뒀다. 심사받을 차례가 되었다. 나는 봉투를 꺼내 이 돈이 내가 가져온 출장비 전부라고 내밀며 삼성전자에서 중요한 미팅이 있으니 꼭 입국허가를 해달라고 사정했다. 심사관은 봉투 안의 돈을 보더니 생각보다 돈이 적은지 나를 다시 쳐다봤다. 진짜 그 돈이 내가 가진 전부이고 이제 밥 먹을 돈도 없으니 그 돈 중에 조금만 달라고 사정했다. 그러자 심사관이 어이없다는 듯 나를 쳐다보더니 입국허가 도장을 찍어주었다.

인생에 완벽한 준비란 존재하지 않는다. 그래서 경험이 훌륭한 스승이라는 말이 있는 것이리라. '뛰면서 고민하고 공부하며 상황에 대처한다'는 철학을 갖게 된 것도 이런 생각 때문이다. 이런 생각은 어떠한 돌발 상황에 대해서도 담대한 태도를 갖게 만든다. 내일을 산다는 것은, 한 치 앞도 내다 볼 수 없는 안개 속을 걷는 것과 같다. 아무리 완벽하게 내일을 준비해도 언제 어느 때 무슨 일이 벌어질지 모르는 게 인생이다. 나는 예상치 못한 돌발 상황을 담담히 받아들이고 '왜 나에게 이런 일이 일어났지? 누구 때문에 이 일이 일어났지?'가 아니라, 어떻게 이 일을 해결할지에 집중했다.

우리가 평생에 걸쳐 반복된 훈련을 통해 배워야 할 것은, 더 지

혜로워지는 법보다 '어떤 상황에서도 멘탈이 깨지지 않도록 붙잡는 것'과 '해결방법을 내 안에서 찾으려 하는 노력'이다. 멘탈이 깨지면 쉬운 문제조차 해결할 수 없는 바보가 된다. 이 세상에 나보다 나를 더 잘 아는 사람은 없다. 답을 타인에게서 구하려고 해서는 안 된다. 누구도 내 가슴이 답하는 것보다 현명한 답을 주지 못한다. 모든 중요한 답은 바로 나 자신 안에 있다.

6

당당하게 일하고
당당하게 요구하라

　사람들은 나를 브로커로 오해한다.

　해외 바이어와 한국 기업을 연결시키고 나중에 성공적으로 수출 계약을 체결하면 커미션을 받는 사람으로 안다. 그래서 어떤 사람은 지원하는 모든 서비스를 공짜로 받을 수 있다고 여기기도 하고, 내가 대가 없이 전혀 모르는 바이어에게 한국 기업을 멋지게 포장하여 소개하고 계약 체결을 맺도록 만든다고 여기기도 한다.

　나의 비즈니스는 '단순한 거래 소개'가 아니다. 기업이 수출하려면 무엇을 준비해야 하는지 진단하여 솔루션을 제공하고, 그 숙제를 함께 고민하고 해결하는 수출컨설턴트이며, 그 모든 서비스는 비용을 지불해야 하는 전문 서비스다. 그 점을 누누이 강조하며 자세히 설명해도 여전히 '잘되면 커미션을 주겠다'며 공짜로 서비스를 요구하는 경우가 많다.

얼마 전, 규모가 꽤 큰 기업체 대표인 지인에게 해외 바이어 정보를 건네준 적이 있었다. 내 입장에서는 어렵게 발굴한 바이어 정보지만 지인에 대한 호의가 커서 대가 없이 제공했다. 그런데 얼마 뒤 지인의 회사에서 바이어에게 직접 보내야 할 회사 소개서를 나에게 보냈다. 아니, 커미션을 바라고 한 게 아니고, 그냥 준 거라고!

참 어이없는 상황이었다. 하필 해외출장 중이기도 했다. 하지만 일의 진행이 중요해 수십 장에 달하는 회사소개서를 모두 검토한 후, 기업의 장점을 최대한 부각할 수 있도록 요약 정리하여 바이어에게 거래제의서를 보냈다. 거래제의서를 검토한 바이어는 긍정적인 반응을 보였고 한국을 방문하겠다고 해서 상담일정을 조율했다. 그 후 바이어가 한국을 방문하였을 때, 수출경험이 전혀 없는 그 기업의 미팅에 참석하여 수출 상담을 도왔다.

바이어 상담을 성공적으로 마친 후 나는 지인에게 웃으며 말했다.

"제 서비스는 유료입니다. 바이어에 대한 지원을 원한다면 앞으로는 서비스 비용을 지불해 주세요."

예상대로 지인은 프로젝트별로 커미션 계약을 하는 것인 줄 알았단다. 그는 잊은 게 분명하다. 예전에도 자세히 내 서비스 방식을 설명한 적이 있었다. 사람은 타인의 말보다 자기 경험을 믿는 경향이 강한 것 같다.

또 다른 지인은, 컨설팅 계약도 맺지 않은 상태에서 "수출전문가라는 사람이 왜 바이어를 소개해주지 않느냐?"고 사람들 앞에서 핀잔을 주기도 했다. "저의 수출자문을 원하시면 계약을 체결하고 비용을 내시면 됩니다"라고 하자 전혀 몰랐던 것처럼 슬그머니 말끝을 흐렸다.

수출계약은 한국 내수시장 영업과 차원이 다르다. 정치, 경제, 문화, 언어, 상관습 전반의 상황이 전혀 다른 해외 국가에 마케팅을 시작하여 수출계약을 체결하기까지 엄청난 시간과 비용, 인내력이 요구된다. 수출 경험이 전무한 기업이라면 제대로 된 기업 홍보 자료를 준비하는 데에만 최소 6개월 이상이 걸리고, 모든 외국어 마케팅 자료까지 준비해 본격적인 해외마케팅에 뛰어들어 실제 수출계약에 성공하기까지는 최소 1년의 시간이 더 걸린다. 평균적으로 2년 정도의 시간과 비용을 투자해야 한다. 그런데 2년을 무상으로 지원해 달라고? 수출컨설턴트에게는 난센스에 가까운 요구다.

수출자문 초기에 여러 복잡한 상황으로 잠깐 무료로 자문해준 기업이 있었다. 그 기업의 대표는 어느 날, "비용을 지불하지 않으니 무엇을 해달라고 당당하게 요구할 수가 없다. 자문비용을 내고 자문을 받았으면 좋겠다"라고 했다. 그 후 정식으로 계약을 체결하고 오랫동안 수출자문과 해외마케팅 서비스를 지원하고 있다.

고객은 비용을 지불함으로써 고객에게 필요한 무언가를 해달라고 구체적으로 요구할 수 있고, 나는 그런 고객이 만족할 수 있도록 최선을 다해 자문한다.

이 세상에는 공짜로 얻을 수 있는 것이 없다. 그 어떤 것도 대가 없이 얻은 것은 진짜 내 것이 아니다. 기업체에 아는 바이어를 소개하고, 운 좋게 수출이 이루어져도 그 과정에 대한 실천적 노하우를 획득하지 못하면 더 이상의 행운도 뒤따르지 않는다. 스스로 고민하고, 준비하고, 찾고, 실행하고, 실패하고, 다시 도전하는 과정을 겪어야 나이테처럼 쌓이는 게 생기고 그때 경험이 진짜 내 것이 된다.

나에 대한 확신은 타인에게 가치가 되다

한국인이 사랑하는 베스트셀러 작가인 알랭 드 보통은 저서 『영혼의 미술관』에서 "우리는 어렵게 깨닫는다. 우리는 스스로에게 수수께끼이며 그래서 내가 누구인지 타인에게 설명하거나, 내가 적절하다고 생각하는 이유로 사랑받는 일에 대단히 서툴다"라고 말했다.

우리는 자신의 참 가치를 찾으려고 평생을 노력하고도 자신이 왜 존중받고 사랑받는 존재여야 하는지 일생 동안 스스로 의문하고 확신하지 못한다. 나 역시 나만이 가지고 있는 가치와 장점을 찾지 못한 채 다른 사람의 무시와 무례함을 감수해야 했다. 스스로가 자신의 가치를 확신하지 못하니 내 서비스에 대가를 지불해야 한다고 자신 있게 말하지 못하고 주저하기도 했다. 하지만 나만이 가지고 있는 차별적 가치와 경쟁력을 스스로 찾고 확신하는 순간, 비로소 다른 사람에게 내 서비스에 대한 가치를 자신 있게 말하고 대가를 당당히 요구할 수 있게 되었다. 물론, 고객이 가치를 인정했다면 더욱더 나의 가치를 증명하기 위해 최선을 다해 실천하고 노력하는 자세를 보여야 한다.

작년 초여름이다. 수출자문 중인 매출 규모 200억 원의 건실한 중견기업 ○○정공이 일본 바이어로부터 주문을 받아 수출을 했는데 불량이 발생했다. 수출한 제품은 세계적으로 유명한 다이슨 에어컨을 생산할 금형으로, 가공이 어려운 고난이도 금형이었다. 그런데 여름 시즌에 맞춰 본격적으로 에어컨을 생산해야 할 중차대한 시기에 금형 불량 때문에 생산에 차질이 빚어졌다.

상황이 워낙 심각했기 때문에 일본 기업의 대표와 기술 엔지니어가 한국으로 왔고 오랜 시간 대책회의에 매달렸다. 문제는 시간이었다. 어떤 방법을 취하든 일정 차질을 막을 수 있는 방법이 보이지 않았다. 그나마 근사한 답이 배로 보낸 3000킬로그램의 제품 가운데 불량품 1600킬로그램을 비행기 편으로 받아서 수리 후에 다시 비행기로 일본에 보내는 방법이었다.

운송에 걸리는 시간을 계산하고 수리 시간을 따져 보니 단 몇 시간조차 확보하기 힘들었다. 역시 운송 시간이 문제였다. 일본에서 한국으로 제품을 운송하는 시간과 한국으로 수입 통관하는 시간 등을 모두 고려하면 바이어가 요구하는 날짜까지 일본으로 다시 보낸다는 것이 현실적으로 불가능해 보였다.

나는 이번 대책의 성패는 일본에서 한국까지 불량품을 얼마나 빨리 가져올 수 있느냐에 달려 있고, 이는 결국 국제운송을 하는 운송사의 협조에 달려 있다고 판단했다. 나는 일본 바이어와 대책 회의를 하는 중에도 수시로 파트너인 국제운송사에 전화를 걸어 초 긴급 상황이므로 최단 시간에 불량품을 한국으로 운송할 수 있는 방법을 찾아달라고 부탁했다. 일본 바이어도 고객사인 다이슨에 한국의 대책 상황을 수시로 보고하며 자신들이 원하는 대안이 나올 때까지는 호텔로 돌아가려 하지 않았다.

불량품을 한국으로 가져와 수리해서 다시 일본으로 보내는 모든 과정을 완료하기까지는 일주일 정도의 시간이 필요했고, 그 기간 동안 바이어는 한국에 체류하며 불량품을 수리해서 일본으로 다시 보내는 모든 과정을 직접 확인하기 위해 매일 공장으로 방문하겠다고 했다. 일주일 동안 매일 아침 호텔에서 바이어를 픽업해서 공장으로 이동해 하루 종일 진행 상황을 확인하고 통역을 지원하며 대기하다가 바이어를 다시 호텔로 데려다 주었다.

운송사는 성공적으로 불량품을 일본에서 한국으로 운송해왔는데 주말에 통관수속을 진행해야 한다고 했다. 세관과 기업이 일하지 않는 주말에 수입통관을 하는 것은 이례적인 일이었지만 주말을 빼면 도저히 바이어의 요구 일정을 맞출 수 없었다. 그렇게 운송사의 협조로 무사히 주말에 통관을 마치고 예상보다 하루 빨리 불량품이 공장에 도착하는 놀라운 일이 벌어졌다. 나중에 들으니, 운송사와 관세사 등 파트너사 직원 십여 명이 주말에 출근하여 통관을 진행했다고 한다.

문제를 모두 무사히 해결하고 바이어와 식사를 했다. 그런데 일본 기업의 대표는 나에게 자기 회사로 와서 해외마케팅을 해줄 수 없느냐고 물었다. 전혀 예상치 못한 그의 제안에 한참 웃었다. 나의 가치를 인정해준 기업을 위해 내가 할 수 있는 모든 방법을 찾아 최선을 다했을 뿐인데 바이어가 스카우트 제의를 하다니, 내 서비스에 만족했다는 의미로 받아들이고 감사를 표했다.

일을 마무리하고 나서 나는 그 기업 담당자에게 쓴 소리를 했다.

"제가 하는 말을 귀 기울여 들으면 돈이 됩니다. 많은 사람들이 제 수출 강의와 자문을 듣기 위해 기꺼이 비용을 지불합니다. 그러니 제가 하는 말을 부디 그냥 흘려보내지 마세요."

수출은 국내 거래와 다르기 때문에 완성품을 수차례 검사하여 반드시 품질을 검증한 후에 보내야 한다. 이전에도 여러 차례 되풀이해서 들려준 말이었지만 이번에는 달랐으리라. 대형 사건을 한번 겪고 난 직후라 나의 자문에 드디어 귀를 기울였다. 금번 불량 사태를 처리하기 위해 이 기업은 총 2000만 원의 비용을 들였다. 엄청난 대가를 치르고 하나 배우기에는 너무 큰 수업료이리라.

안타까운 일이지만 기업의 실수는 나의 전문성을 드러내는 계기가 된다. 나는 그런 실수들을 무사히 해결하는 가운데 자신감을 갖게 되었고, 내 가치를 입증하게 되었다. 그 가치를 스스로 만들 수 있을 때 나는 비로소 독립된 사회인이 된다.

7

갑 같은 을이
되어야 한다

얼마 전이다. 베트남정부의 국제경제협력 관련 공무원들과 함께 베트남 무역사절단이 한국을 방문했다. 수출자문 중인 기업과 동행하여 간담회에 참석했는데 입사한 지 얼마 되지 않은 그 기업의 직원을 대신해 내가 회사를 소개하게 되었다. 처음에는 간단한 명함 교환 정도의 시간일 거라고 예상했는데, 갑자기 공식적인 기업 소개 시간으로 바뀌었다. 나는 베트남 기업과 공무원의 관심을 끌려면 우리 기업이 다른 한국 기업과 무엇이 다른지 강조하고, 강한 인상을 남겨야 한다고 생각했다. 발표시간이 되었다.

"우리 회사는 오랜 역사, 우수한 기술력을 자랑합니다. 우리는 아직 베트남과 거래하는 파트너가 없으니, 여러분에게 우리와 비즈니스할 수 있는 기회를 주겠습니다."

그러자 베트남 기업인과 공무원들이 모두 고개를 들어 나를 쳐다 봤다. 나는 발표 후에 좀 더 구체적인 상담과 MOU 계약 체결도 가능하다고 말하고 자리로 돌아왔다. 발표가 끝나자 베트남 기업들이 먼저 나에게 다가와 명함을 건네며 자기 회사를 소개하고 거래에 관심을 보였다. 보통은 내가 먼저 다가가 명함을 주고 우리 회사를 소개하는데 이번에는 정반대였다.

간담회가 끝나고 베트남 공무원, 기업인과 함께 점심식사 자리에 앉았다. 조금 전 명함을 교환했던 한 베트남 기업인이 말했다.

"같이 온 사람들이 당신이 참 나이스한 사람이라고 말하더군요."

제발 우리 회사 제품을 사 달라고 매달리지 않았을 뿐인데 그들에게는 참 신선했던 것 같다.

평생 을로 살아온 나는 수많은 을들에게 "을질하지 마라!"고 말하고 싶다. 나보다 힘이 있는 상대방에게 한없이 나약한 모습을 보이며 하고 싶은 말도 하지 못하는 것을 이제는 그만두어야 한다. 우리는 '갑이 갑질한다'고 말하면서, 우리 스스로 갑의 힘에 눌려 비굴해지는 것을 보지 못하는 것 같다. 우리가 강자 앞에서 나약해지는 것은 그들에게 신세 지려는 마음이 있기 때문이다. 남에게 신세 진 것이 없고, 앞으로도 신세 지려는 마음이 없을 때 사람은 당당할 수 있다. 그래서 누구의 신세도 지지 않고 스스로 무엇인가를 해내려는 자세가 무엇보다 중요하다.

수출자문을 하는 기업들에 가장 강조하는 것은 아무리 배고파도 배고픔을 내색하지 말라는 것이다. 얼마나 배고픈지, 얼마나 절실한지 바이어에게 솔직하게 드러내는 순간, 협상에서 불리해진다. 바이어는 우리의 불리한 조건을 역이용해 자신에게 유리한 분위기를 만든다. 협상에서 끌려가면 굴욕적인 계약을 하게 되며 결국 일감은 손에 넣지만 돈은 안 되는 일을 하게 된다.

아무리 규모가 크고 매력적인 바이어라도 불리한 조건으로 거래를 요구하면 거절할 수 있는 배짱이 필요하다. '비즈니스를 함께할 파트너는 당신이 선택하는 것이 아니라 내가 선택한다'라는 당당함은 그를 빛나게 만든다. 진짜 얻고 싶은 게 있다면 갖고 싶다는 마음과 지키고 싶다는 마음을 버려야 한다.

대의를 선택할 때 당당해진다

이전 직장에서 삼성전자 영업을 담당했을 때 사장님이 'NO!'라고 결정을 내리면 그 결정에 'NO!' 하며 수용할 수 없다고 말한 적이 종종 있었고, 사장님은 나의 그런 반응에 화를 내곤 했다. 대부분의 직원은 사장님의 결정에 'YES'라고 했지만, 나는 사장님의 결정이 비합리적이고 납득할 수 없을 때는 늘 'NO'를 외쳤다. 물론 사장님과 맞섰던 이유는 개인적인 이익 때문이 아니었다.

내가 담당하는 주요 고객사인 삼성전자는 시장의 요구에 맞게 계속 새로운 모델을 개발해야 했고, 신 모델을 개발하는 데에는 부품을 제조하는 협력사들의 적극적인 협조가 필요했다. 삼성전자의 개발 엔지니어는 협력사인 우리 회사에 더 작고 더 정밀한 소형규격으로 부품 개발이 가능한지 문의했다. 사장님은 이제까지 개발해보지 않은 소형규격이라서 개발이 어렵고 금형의 수정이나 신규제작에는 돈이 많이 든다는 이유로 거절 의사를 표했다. 그때마다 나는 사장님의 결정을 받아들일 수 없으며, 다시 재검토해 달라고 요청했다. 사장님이 화를 냈다.

"너는 삼성전자 직원이냐? 우리 회사 직원이냐?"

"저는 한 발은 삼성전자에, 다른 한 발은 우리 회사에 담고 있습니다. 제가 두 발을 모두 우리 회사에 담는 순간, 비즈니스는 깨집니다."

물러서지 않고 설득하자 사장님이 다시 검토했고 삼성전자의 요청대로 어려운 소형부품을 개발할 수 있었다.

자동차 왕 헨리 포드는 "성공에 비결이 있다면 그것은 남의 입장을 이해하고, 자기의 입장과 동시에 남의 입장에 서서도 사물을 볼 줄 아는 능력일 것이다"라고 인관관계의 기술을 말했다. 내 입장을 내세우기 전에 상대방의 입장에서 문제를 해결하려는 모습을 보인다면 서로의 관계는 더 발전하게 될 것이다.

현실적으로 어려운 요청임에도 불구하고 고객의 입장을 고려하여 적극적으로 노력하고 대응하는 모습을 보이자 삼성전자 담당자들은 감동하기 시작했고, 삼성전자로부터 좋은 평판을 얻게 되었다. 그 일을 계기로 삼성전자 담당자가 내 편이 되어 다른 직원들에게 나를 소개해주고 나를 대신해서 우리 회사 제품을 홍보해주기 시작했다. 그렇게 고객들의 적극적인 지지를 받아 다른 신규 프로젝트에 참여할 수 있는 기회도 많이 얻게 되었다.

삼성전자의 신 모델 개발 프로젝트에 지속적으로 참여하자 삼성전자 관련 매출실적이 매년 두 배로 껑충 뛰었다. 첫 해에 연매출 6000만 원으로 시작해서 7년 만에 연매출 60억 원으로 끌어올릴 수 있었던 비결은 고객의 입장을 먼저 생각하는 자세였다. 그 과정에는 내가 을이라고 해서 갑의 결정을 무조건적으로 수용하지 않고 '나의 신념이 옳다고 말하는 용기'도 한몫했다. 사장님의 결정에 맞서지 않았다면 결과물도 얻을 수 없었고, 사장님의 인정을 받고자 하는 근시안적 생각을 버리지 않았다면 최종적으로 사장님의 신뢰도 얻지 못했을 것이다.

한 가지 명확한 사실은 매순간 나 자신을 위한 이기심이 아니라 모두를 위한 대의를 선택할 때는 한 점 부끄러움 없이 더욱 당당해진다는 사실이다. 아이러니하게도 인정받고자 하는 마음과 내 것을 지키고자 하는 마음을 비움으로써 당당해지고, 당당해짐으로써 신뢰와 인정을 받게 된다. 그러니 진정 얻고자 한다면 비워야 한다.

동양의 탈무드 『채근담』에는 "뜻을 지켜 미움을 받아라"라는 말이 있다. 남의 칭찬을 받으려고 아부하거나 좋은 일을 한 적도 없이 남에게 칭찬을 받기보다 나쁜 짓을 하지 않고 남에게서 흥을 잡히는 편이 낫다는 것이다. 남에게서 미움 받지 않고 칭찬받으려고만 애쓰다가는 자칫 향기 없는 꽃처럼 매력 없는 사람이 될 수 있다.

삼성전자에서 큰 성과를 거둬 매출액이 크게 성장하자 업계에서 유명해졌는지 여러 곳에서 연락이 왔다. 어느 날 다른 기업의 대표로부터 전화가 왔는데 비결이 무엇인지 듣고 싶다고 해서 만난 적이 있다. 나는 그분에게 "영업에서 큰 성과를 내는 데는 특별한 비결이 없습니다. 영업은 기본에 충실해야 합니다. 바로 고객이 원하는 것이 무엇인지 경청하고 고객 감동을 위해 노력하는 것 말고는 답이 없습니다"라고 했다. 그 대표는 뭔가 특별한 노하우를 기대하고 왔는지 무척 실망스러워하는 표정을 지었다. 진실을 보여주어도 누군가는 보지 못한다.

8

진정성은 반드시
진가를 발휘한다

일본 시장에 성공적으로 진출했을 때다. 기술 수준이 일본과 비슷한 독일을 다음 진출 목표 국가로 정하고 해외영업을 추진했다. 독일 바이어를 만날 수 있는 가장 효과적인 방법으로 독일에서 인지도가 있는 자동차부품 전문 전시회인 'Electronica 2008'에 참가하기로 계획을 세웠다.

사장님으로부터 전시회 참가 승인을 받고자 세 차례나 결재를 올렸으나 계속 결재가 떨어지지 않았다. 전시회 신청을 마감하는 마지막 날, 사장님을 사무실 벽에 밀어붙이고 결재해 달라고 협박하다시피 해서 전시회 참가 승인을 받아냈다. 그렇게 어렵게 전시회에 참가하여 폭스바겐의 협력사이자 글로벌기업인 독일 A사와 만나 상담했고, 3년간 지속적으로 업무연락을 해서 400만 달러 규모의 신규 개발 프로젝트에 참여하게 되었다.

때로는 계속된 거절에도 옳은 것을 옳다고 말하고 실천하기 위해 강하게 밀어붙이는 배짱도 필요하다. 삼성전자의 매출이 안정을 찾고 일본 시장에 성공적으로 진출함으로써 기업의 경영상태가 점점 개선되자 경영주는 안주하려 했으나 그건 인생이든 기업이든 정답이 아니다. 최선의 방어는 공격임을 우리는 기억해야 한다.

얼마 전 충북 보은군의 대추농가들을 대상으로 수출 강의를 하러 가는 길에, 라디오에서 기억할 만한 멘트가 흘러나왔다.

"이 세상에서 가장 비싼 것은 '신뢰'다. 신뢰를 쌓는 데는 수년이 걸리지만 신뢰를 잃는 데는 단 몇 초가 걸릴 뿐이기 때문이다."

나는 사랑과 신뢰를 얻으려고 그럴듯하게 나 자신을 포장해서 말하고 싶지도, 상대가 듣고 싶어 하는 말을 하고 싶지도 않다. 그렇게 해서 쌓은 신뢰는 모래 위에 쌓은 성과 같아서 지나가는 강아지 발에 채여도 무너진다. 뚝배기처럼 투박하고 진솔한 마음이 진짜다.

그날 나는 대추농사를 짓는 농민들을 대상으로 이렇게 말했다.

"저는 농민의 딸입니다. 부모님이 농사를 지어 자식 일곱 명을 열심히 키우셨고, 저를 대학까지 보내 훌륭히 키워 주셔서 여러분 앞에 설 수 있어 영광입니다."

청중 어르신들이 내견하다는 듯이 미소를 지으셨다. 일하면서 공과 사를 구분하는 것을 매우 중요하게 생각하기 때문에 강의에서 개인적인 얘기를 한 적이 없었다. 하지만 검게 그을린 농민들 앞에서 처음 강의하며 우리 부모님이 생각났고 말로 표현하기 어려운 감동이 있었다. 그분들에게 꾸미지 않는 진솔한 얘기를 들려드리고 싶었다.

강의가 끝나자 한 농민이 물었다.

"수출이 너무 복잡한데 우리는 농사만 짓고 수출은 수출대행업체에 의뢰하면 안 될까요?"

"수출대행업체에 의뢰하셔도 됩니다. 하지만 여러분이 수출을 어떻게 하는지 아셔야 수출대행업체에 어떻게 해달라고 요청할 수 있고, 그래야 양심적이지 않는 수출대행업체에 당하지 않습니다. 저도 수출대행을 할 수 있습니다. 하지만 저는 수출대행에 주력하지 않습니다. 생산자가 자립하여 수출할 수 있도록 돕는 일에 더 큰 의미를 두고 있습니다. 여러분이 자식처럼 키운 농산물을 제 값 받고 잘 팔 수 있으면 좋겠습니다."

강의를 마치고 돌아오니 강의 주관 업체인 한국능률협회의 책임자로부터 연락이 왔다. 진정성이 있고 설득력 있는 강사를 구하기 힘들었는데 좋은 강사를 찾아 기쁘다며, 어려운 수출 내용을 농민들에게 어떻게 전달할지 걱정이 많았는데 눈높이에 맞춰 쉽게 설명해 줘서 고맙다고 했다.

무역 강의를 준비할 때마다 '나는 어떤 강의를 하려 하는가?' 스스로에게 묻는다. 나는 '옳은 강의'를 하고 싶다. 그냥 '수출이 무엇이고 어떻게 하는 것이다'가 아니라 '옳은 수출'을 하고자 진지하게 고민하게 만드는 강의를 하고 싶다. 수출을 잘할 수 있는 스킬과 테크닉이 아니라 어떤 자세와 마인드로 고객과 파트너를 대하고 비즈니스를 해야 하는지 가르치는 것이 더 중요하다. 어떤 강의에서도 수출을 하는 자세와 마인드는 가르치지 않는다. 지난 20여 년의 비즈니스 경험에 의하면 능통한 외국어 능력이나 뛰어난 협상 능력보다 어떤 자세로 고객과 파트너를 대하는지가 비즈니스의 성패를 좌우했다.

비즈니스도 정도(正道)가 있듯이 수출도 정도가 있다. 이제 기업이 글로벌시장으로 도약하려면 어떤 자세로 수출을 준비하고 실행할지 진지하게 고민해야 한다. 수출 경험이 없는 기업의 대표에게 수출에 성공하는 데까지 2년 정도의 시간이 걸린다고 하면 대부분 실망한다. 하지만 상대방이 실망할까 봐 걱정하여 불가능한 일을 가능하다고 말할 수는 없다. 기업 대표의 환심을 사겠다고 2년이 걸리는 길을 6개월 만에 갈 수 있다고 말할 수 없다.

제대로 된 수출자문이란, 올바른 길로 안내하는 것이며, 아닌 것을 아니라고 말할 수 있는 것이다. 때로는 지금은 수출할 때가 아니니 내수시장에 더 집중해야 한다고 말할 수 있어야 한다. 우리는 옳은 것을 옳다고 말하고, 아닌 것을 아니라고 말하면 거래하지 못하게 될까, 인정받지 못할까, 사랑받지 못할까 두려워한다.

하지만 두렵더라도 진정성으로 승부해야 한다. 시간이 걸려도 언젠가 진실이 밝혀지는 것처럼 진정성은 반드시 그 진가를 발휘한다. 두려움 속에서도 옳은 것을 선택할 줄 아는 진실한 마음이야말로 향기 있는 사람을 만든다.

4부

나는 항상
나를 응원한다

바닥에 툭 떨어진 명함……. 명함에 적힌 '김은주' 세 글자가 그날만큼 외로워 보인 적도 없다. 남편을 잃은 그날, 나는 혼자라는 두려움에 몸서리를 쳤다. 죽음만큼 모두를 외롭게 만드는 일이 있을까? 나는 인생 앞에서 홀로 서야 하는 숙제를 받아들였다.

1

당신도 부디 그곳에서 행복하길 바라요

"아직 당신을 보낼 준비가 되지 않았는데 작별인사도 못하고 갑자기 떠난 당신, 당신은 그곳에 잘 있나요? 나는 이곳에서 잘 지내요. 당신도 부디 그곳에서 행복하길 바라요."

페이스북의 최고 운영책임자인 셰릴 샌디버그는 남편과 사별 후 1년간 고통의 시간을 보냈다. 셰릴 샌디버그는 UC 버클리 졸업식 축사에서 자신이 어떻게 이 시련을 극복할 수 있었는지 들려주었다.

"심리적인 충격을 극복하는 능력은 타고나는 것이 아니라 마치 종아리 근육처럼 키울 수 있다는 것을 알게 되었다."

남편이 세상을 떠났다. 태어나서 처음 겪는 강렬한 충격에 정신이 나간 채 하루하루를 고통 속에 살던 나는, 내 인생의 큰 전환점이 왔음을 받아들여야 했다. 지금의 상황을 있는 그대로 수용하고 지금 까지와는 다른 삶을 살아야 한다는 것을 인정하고 받아들일 때 비로소 시련을 극복하고 일어설 수 있음을 깨달았다.

처음에는 더 잘해주지 못한 것이 가슴 아파 울고, 그 다음에는 나에게 잘해준 것만 기억나서 울고, 또 그 다음은 미친 듯이 보고 싶어 울고, 이제는 좋은 것을 함께 보고, 먹고, 경험하지 못하는 것이 가슴 아파 운다. 행복과 고통과 외로움을 함께 나눌 수 있는 사람이 사라진 인생이 이렇게 슬프다는 것을 이제야 알겠다. 사랑하는 사람을 보고 싶어도 볼 수 없는 고통이 이렇게 크다는 것을 이제야 알겠다.

한 지인은 형이 세상을 떠난 후에 형에게 더 잘해주지 못한 것과 형에게 모질게 했던 말 한마디 때문에 가슴이 너무 아팠다고 한다. 자신을 힘들게 했던 형이 세상을 떠나자 평소에 무감각했던 자신이 그렇게 울며 슬퍼할 줄 몰랐다고 한다.

"아버지가 돌아가셨을 때는 무덤덤했는데 형이 세상을 떠나자 세상이 무너지는 것 같았어요."

지인의 말을 들으며 때론 나를 힘들게 하고 때론 나를 행복하게 하는 그 사람이 내게 어떤 의미인지 알려면 그 사람이 나를 완전히 떠나 영원히 이별할 때를 기다려야 한다는 생각이 들었다. 다시는 볼 수 없는 이별을 하기 전까지, 우리는 떠나간 그 존재가 나에게 어떤 의미였는지 절대 알지 못한다. 나 또한 남편이 나에게 큰 산과 같은 존재였음을 사별 후에 비로소 알게 되었다.

세계적인 베스트셀러 작가이자 심리학자인 웨인 다이어는 『행복한 이기주의자』라는 책에서 이렇게 말했다.

"사랑이란 좋아하는 사람이 스스로를 위해 선택한 일이라면 무엇이나, 그것이 자신의 마음에 들건 안 들건 허용할 줄 아는 능력과 의지다."

지난 시간 나는 대학시절부터 꿈꿔왔던 글로벌 마케터의 꿈을 이루겠다며 전 세계를 뛰어다녔다. 결혼 후에도 그 모든 것이 가능했던 것은 남편의 사랑이 있었기 때문이었다. 그 사람은 내가 해외 출장을 갈 때마다 자신의 일을 하고 아들을 돌보며 언제나 묵묵히 그 자리에서 나를 기다렸다.

남편은 나의 능력과 내가 이룬 성과를 누구보다 자랑스러워했다. 내가 국가경제발전에 기여한 공로를 인정받아 포상을 받는 영광의 순간에도 나와 함께했다. 이제 와서 생각하면, 나의 원칙과 소신을 지키며 내 길을 갈 수 있었던 것은 곁을 지켜주고 지지해준 그 사람이 있었기 때문이었다. 그래서 누구보다 많은 것을 보고 듣고 느끼고 경험할 수 있었다.

애플의 창업자인 스티브 잡스는 세상을 떠나기 전에 "진정한 부는 돈보다 행복한 기억"이라고 말했다. 서울대 행복연구센터 최인철 교수 역시 "돈보다 경험을 소유하는 삶이 더 행복하다. 행복해지고자 한다면 돈으로 경험을 살 필요가 있다"라고 말했다.

세계를 무대로 뛰며 때론 좌절하고 아파했지만 절대 돈으로 살 수 없는 나만의 경험을 축적했고, 그런 경험이 자산이 되었다. 그런 값진 경험은 때론 나에게 아픈 기억이 되기도 하고 때론 행복한 기억이 되기도 한다. 하지만 그 모든 경험은 나를 더 특별한 사람으로 만들어 주었다. 자신의 마음에 들지 않더라도 기꺼이 모든 실패와 성공의 경험을 허락해준 남편의 사랑이 위대했음을 이제야 나는 안다. 이제 내가 받은 위대한 사랑을 기억하며 남편이 했던 것처럼 내가 사랑하는 사람들이 스스로 선택한 길을 갈 수 있도록 지켜주고 싶다. 큰마음으로 세상을 바라보고 스스로를 작은 그릇에 담지 않기를 바란다.

남편은 해외여행을 가고 싶어 했다. 하지만 해외출장을 자주 다니는 나는 해외출장에서 돌아와 또 다시 해외로 나가는 것이 무척 피곤했다. 해외출장이 많은 나에게는 한국에 있는 것이 오히려 휴식이었다. 남편은 해외여행을 가고 싶다며 일어, 영어 공부를 열심히 했지만 때로는 경제적 여유가 없어서 때로는 너무 바빠서 자주 다니지 못했다. 남편과 함께 간 마지막 가족여행이 1년 전 겨울에 간 일본여행이었다.

얼마 전 우연히 미국의 한 여행지를 소개하는 사진을 보며 하염없이 울었다. 그 사진을 보며 여행을 좋아했던 남편이 떠올랐고, 아무리 돈을 많이 벌어도 이런 멋진 곳을 남편과 함께 가볼 수 없다는 슬픔에 미칠 것 같았다. '이곳에 같이 가면 참 좋아했을 텐데. 같이 가면 얼마나 좋을까.' 눈물이 멈추지 않았다. 진정으로 행복한 순간은 집이나 차를 샀을 때가 아니라 사랑하는 사람과 뭐든 좋은 것을 함께하고 경험할 때다. 그래서 맛있는 것을 먹을 때, 좋은 곳에 갔을 때, 기쁜 순간에 사랑하는 사람이 더 생각난다.

사람은 언젠가 떠나는데 죽지 않고 영원히 살 것이라는 착각에 행복한 일들을 미룬다. 이제 더 이상 고통스러운 일들 때문에 행복한 일을 미루고 싶지 않다. 이제 아들과 새로운 여행을 준비하고 싶다. 아들이 더 많은 것을 보고 듣고 느끼게 해주고 싶다. 아빠가 떠난 상실감에 힘들어하는 아들이 새로운 여행을 통해 진정한 자신과 만나게 되기를 바란다. 어느 곳이든 인연이 닿는 곳으로 갈 것이고 그곳에서 좋은 추억을 만들 수 있으면 더 좋겠다.

장례식장에서 슬퍼하는 나에게 한 지인이 "사람은 쓰임이 있어 이 세상에 왔고, 그 쓰임이 다하면 하늘로 돌아가니 너무 슬퍼하지 말라"고 했다. 남편은 이 세상에 와서 나를 만나 내가 한 인간으로서 많은 일에 도전하고 경험을 쌓을 수 있도록 격려하고 응원해주었고, 나를 성숙한 인간으로 성장시켜 주었다. 내가 어떤 도전을 해도 남편은 막지 않았다. 그것이 얼마나 큰 사랑이었는지 이제야 알게 되었다. '좀 더 일찍 그 큰 사랑을 알았다면 사랑한다고 더 많이 말했을 텐데' 하는 아쉬움에 가슴이 먹먹하다.

이전에 나는 죽음을 알지 못했고 받아들이지 못했다. 이제 죽음은 삶의 한 부분이며 모두 죽음을 맞이한다는 것을 알았으니 죽음을 맞이하는 그 날까지 이 세상에 태어난 쓰임을 다하도록 하루하루를 최선을 다해 살아야겠다.

방송기자 출신인 김상운 작가는 『왓칭』에서 "인간은 미립자로 구성되어 있어 육신이 사라지고 없어져도 영혼은 빛으로 파동으로 우주에 영원히 존재한다"고 했다. 남편도 육신의 몸은 세상에서 사라졌지만 빛과 파동으로 이 우주에 영원히 존재하며 언제 어디서나 항상 나와 함께 할 것이다. 내가 죽음을 맞이하여 빛과 파동이 되어 우리가 다시 만나는 그날까지 매순간 행복하려 노력하고 별처럼 빛나는 삶을 살 것이다. 삶의 마지막 순간에 후회하지 않도록 하늘이 부르는 그 날까지 하루하루를 최선을 다해 살아갈 것이다.

2

나는 홀로 살아가는 법을
배워야 한다

괜찮다……. 세상에서 가장 흔한 거짓말이다. 괜찮지 않으면서 괜찮은 척 하는 것이야말로 정말 힘든 일이다. 나는 이제까지 수많은 좌절을 겪으며 오뚝이처럼 일어섰다. 남보다 강한 사람이라고 자부했다. 그러나 남편과의 사별은 나를 처참히 무너뜨렸다. 지인들은 자신들이 알던 내 모습은 온데간데없고, 눈에 초점을 잃고 정신 나간 사람이 서 있었다고 한다. 어떤 위로도 위로가 아니었다.

책 읽어주는 남자 전승환은 『나에게 고맙다』에서 이렇게 말했다.

"'힘내'라고 위로라고 건네는 한마디가 더 큰 부담으로 다가온다. '힘'을 낼 수 있는 힘이 없어 이렇게 힘들어하고 있는데……."

남편의 장례를 마친 후에 한 지인이 "정신 차리고 힘내야지"라고 말했다. 나는 소리 지르며 울부짖었다.

"그런 소리 하지 마세요. 내가 얼마나 힘든지 당신이 알아요? 나처럼 남편이 죽어봤어요?"

도저히 감당할 수 없는 그런 상황에서는 정신 차리고 힘내라는 말도 버겁다. 홀로서기를 해야 하는데, 내 마음이 뜻대로 되지 않아 더 미칠 것 같았으니까. 정말 위로하고 싶다면 정신 차리라고 다그치지 말고 얼마나 힘든지 공감해주고 스스로 일어설 수 있도록 지켜봐 주고 손을 잡아 주는 것으로 충분하다.

장례식 후에 극심한 충격으로 며칠 동안 앓아 누웠다. 너무 서러웠다. 가끔 아파서 누워 있을 때는 남편이 조용히 나가서 전복죽을 사다주었다. 이제는 그런 남편이 내 곁에 없다. 아프니 남편이 더 생각났다. 인생이 참 서글프다는 생각이 들었다.

며칠 동안 끙끙 앓다가 약을 먹으러 잠깐 일어났다. 몇 통의 전화가 걸려왔지만 받지 않았다. 받고 싶지도 않았다. 그런데 약을 먹으려고 잠깐 일어나 제정신이 든 30분 동안 한 통의 전화가 걸려왔다. 한국농수산식품유통공사의 유통교육원에서 걸려온 강의 요청 전화였다. 나는 일정을 확인하고 강의가 가능하다고 수락한 다음 다시 침상에 쓰러졌다. 그 후에도 많은 전화가 왔지만 제대로 받지 못했다.

며칠 뒤 몸이 좋아져 강의 준비를 했다. 정해진 기한이 있어서 강의 자료를 만들기는 했지만 정신이 혼란스러워 준비 과정은 순탄치 않았다. 의욕이 일지 않았고, 사람을 만나고 싶지 않다는 생각이 순간순간 솟구쳤다. 아무것도 할 수 없을 것 같았다.

그런데 강의하는 날, 멀쩡한 정신 상태로 내가 강의하고 있음을 깨달았다. 고통스러웠던 순간을 완전히 잊어버리고 열정적으로 강의에 몰입해 있는 나를 발견했다. 심지어 나는 그 순간을 즐기고 있었다.

"실감 나서 재미있다. 현장에서 정말 필요한 내용이다."

수강생들의 긍정적 피드백을 보고 난 후에는 힘이 나고 보람마저 느꼈다.

강의가 끝나고 한 대학생이 나를 기다리고 있었다. 그 남학생은 어학 전공자였고 졸업을 앞두고 있었다. 진로를 고민하고 있는데 나와 같은 길을 걷고 싶다고 했다. 그 학생의 진지한 고민을 듣고 조언을 해주고 싶었다. 한 시간 정도 시간을 마련하여 글로벌 마케터가 되려면 무엇을 준비해야 하는지, 이 길을 가는 데에 무엇이 가장 중요한지 그 학생에게 정말 도움이 되었으면 하는 마음으로 여러 조언을 들려주었다.

그때 문득, 내가 누군가에게 조언하고 있다는 것을 느끼며 무척 놀랐다. '고통스러운 상황에 빠져 있는 내가 다른 누군가에게 관심을 갖고 그 사람을 위해 조언하는 것이 가능한가?' 어제까지만 해도 아무것도 할 수 없을 것 같았는데 나는 오늘 나를 필요로 하는 누군가를 위해 힘을 냈다. '어떻게 그럴 수가 있지?' 의아스러웠다.

한계는 스스로 만들어낸 것이다

그날 미처 알지 못했던 나의 모습을 발견했다. 나는 다른 사람들에게 선한 영향을 주고 그럼으로써 그들의 인생이 긍정적으로 변화할 수 있도록 돕는 일에 큰 의미를 두고 있음을 자각했다. '인생의 무게를 함께 지던 남편 없이 홀로 사는 삶이 무슨 의미가 있을까?' 하며 회의에 빠져 있던 나는 혼자가 되어서야 비로소 내 삶의 참 의미를 깨닫게 된 것이다. 나는 이제 더 이상 가족이라는 작은 울타리 안에 나를 가두지 않고 큰 사랑을 해야 한다는 것을 깨달았다. 가족에 대한 작은 사랑을 뛰어넘어 나를 필요로 하는 사람을 위한 큰 사랑을 베풀 때 비로소 온전히 홀로 서기를 할 수 있겠다는 생각이 등허리를 타고 발끝까지 닿았다.

그 후로, 지방 출강 요청도 받아들였다. 이제까지 주력으로 삼던 기업 수출 자문의 영역을 확장해서 강의를 통해 더 많은 사람을 만나 글로벌 마케터로서의 삶을 공유하고, 나도 했으니 여러분도 할 수 있다는 희망의 메시지를 전달하게 되었다. 영어강사를 그만둔 이

후 강의 자체는 나에게 별로 큰 의미가 없는 일이었다. 그러나 내 마음이 달라졌다.

베스트셀러 작가이자 성공철학의 대가인 나폴레온 힐은 저서『결국 당신은 이길 것이다』에서 "도저히 감내할 수 없을 것처럼 보이는 역경에 직면한 사람들이 그것을 가장 효과적으로 극복하는 방법은 당분간 자신의 역경을 잊고 더 큰 문제로 힘들어하는 다른 사람들을 돕는 것이다"라고 말했다.

나도 강의하는 순간에는, 고통을 잊고 수강생들에게 필요한 것이 무엇인지 함께 고민하고 그들에게 최고의 강의를 들려주려고 집중했다. 그렇게 조금씩 어둠 속에서 벗어나기 시작하는 게 아니었을까.

이제 온전히 홀로 서서 살아가는 법을 배워야 한다. 절대 흔들리지 않고 혼자서도 잘 살아내야 할 강력한 삶의 의미를 찾아야 한다. 미국의 사상가 랄프 왈도 에머슨은 '보상의 법칙'에 대해 말했다.

"하나를 잃으면 다른 하나를 얻고, 하나를 얻으면 다른 하나를 잃는다. 우리가 경험하는 모든 것들은 보상체계로 이루어져 있다. 어느 한 곳이 비면 그 자리는 다른 것으로 메워진다. 모든 고통과 희생은 보상을 받고, 모든 은혜는 되돌아온다."

삶의 짐을 함께 지던 소중한 사람을 잃었으니 가치 있는 그 무엇이 자리를 대신 하길 바란다. 이 고통스러운 삶도 충분히 살아갈 만한 가치가 있다고 가르쳐주는 강력한 무언가를 찾을 수 있기를 바란다. 그것은 나의 한계를 뛰어넘는 내면의 새로운 가치일 수도 있고 가능성일 수도 있다. 진정으로 홀로 서려면 지금까지의 나를 뛰어넘는 새로운 도전이 필요한 것 같다. 그러한 도전을 통해 내 고통을 넘어서는 극적 반전을 이룰 수 있으리라.

나폴레온 힐이 돈이 없어서 책을 출간하지 못하고 있을 때다. 지인의 도움으로 그는 책도 내고 경제적 성공도 이루게 되었다. 그때 나폴레온 힐은 "너의 한계는 네가 스스로 만들어낸 것이다"라고 했다. 그는 최악의 적이 바로 나 자신이었다는 사실을 깨달았다고 한다.

남편이 떠나고 가장 처음 한 일은 단화 구입이었다. 이제 남편의 몫까지 살아가려면 하이힐을 벗고 단화를 신어야 했다. 전보다 더 많이 걷고, 전보다 더 많이 사람을 만나고, 전보다 더 열심히 살아가야 한다. 남의 눈에 멋있어 보이는 것을 포기하고 오직 내가 가야 할 길, 내가 이루어야 할 목표에 집중해야 한다. 딛고 있는 땅을 발바닥 전체로 온전히 느낀다. 새로 산 신발은 생각보다 불편하지도 딱딱하지도 않았다.

3

나는 일어설 수 있다,
일어서야 한다, 이미 일어서 있다

　어느 여름날이다. 중학교 선생님인 지인의 요청으로 중학생을 상대로 진로체험 강의를 했다. 강의 도중 유독 두 명의 학생이 눈에 띄었다. 가장 뒤에 앉은 한 학생은 계속 졸고, 다른 한 학생은 눈빛이 반짝였다. 나중에 들은 바에 따르면 계속 졸던 아이는 무기력감에, 눈빛이 살아 있던 '짱'이라는 아이는 지루함에 지쳐 있었다고 했다. 나는 그날, 글로벌 마케터가 어떤 일을 하는 사람이고, 그 꿈을 이루기까지 어떠한 실패와 좌절이 있었는지 경험담을 들려주며, 마지막으로 세계를 무대로 뛰는 큰 사람이 되기를 바란다고 말하며 마침표를 찍었다.

　며칠 뒤 그 학교 선생님으로부터 연락이 왔다. 내 강의를 듣고 나서 두 학생이 많이 변했는데, 특히 꾸벅꾸벅 졸던 학생의 변신이 놀랍다는 얘기였다. 그 학생은 심한 무기력감에 빠져 하루 종일 자는 것도 모자라 점심도 먹지 않고 친구들과 말도 섞지 않았다. 그런데 이제 친구와 대화도 나누고 조금씩 변하더니 숙제를 가장 먼저 제출해 친구들을 놀라게 만들었단다.

그 학생이 만든 동영상 숙제를 접한 뒤 고개가 끄덕여졌다. 그 아이는 꿈이 없었고, 그래서 하고 싶은 일이 없었다. 무기력한 아이나 '짱'이라고 하는 아이나 겉으로 보이는 모습만 다를 뿐 자신의 꿈을 찾지 못해 방황하며 마음속으로 울고 있었다.

사람들은 아들을 지키려면 힘을 내라고 격려했지만 나는 절망에서 벗어날 수 없었다. 어느 날 아침, 텔레비전에 등장하는 한 유명인의 젊은 시절 사진을 보다 남편이 떠올라 한참을 울었다. 그러다 문득, 같은 아픔을 겪은 사람들에게 생각이 미쳤다. 그들이 아팠을 때 나는 안락한 삶을 즐기고 있었다. 타인의 고통을 외면했던 과거를 진심으로 참회했다. 생각은 계속 뻗어나갔다. 나보다 상황이 더 나쁜 사람들은 어떻게 살아갈까?

앞으로 어떻게 살지 모르겠다고 한숨을 쏟아냈을 때 큰언니가 말했다.

"너는 집이 있으니 쫓겨날 걱정은 없지 않냐?"

어떤 사람은 남편의 죽음 때문에 정신 못 차리고 있을 때 어떤 사람은 집에서 쫓겨나지 않을까 걱정한다. 슬퍼할 여유도 없고 당장 먹고살 걱정 탓에 식당에 설거지하러 나가야 하는 사람도 있다. 그때 들은 큰언니의 말이 가슴속 어딘가에 남아 있다가 조금씩 크게 들리기 시작했다. 그들에 비하면 나는 행복한 사람이라는 생각이 들었다.

그날, 텔레비전을 보다 한참을 운 끝에 열심히 돈을 벌어서 어려움에 처한 한 부모 가정에 수입의 일부를 후원해야겠다는 목표를 세웠다. 그러려면 일어서야 하고, 더 열심히 일해야 한다.

한 부모 가정이 된 후 어떤 지원을 받을 수 있는지 궁금해 동사무소에 간 적이 있다. 집이 있고 차가 있으면 지원대상이 안 된다는 답변이 돌아왔다. 그럼 어떻게 해야 하느냐고 물으니 개인적으로 알아서 보험을 들든지 해야지 국가가 지원해줄 수 있는 것은 아무것도 없다고 했다. 참 받아들이기 힘든 현실이었다. 집이 있고 차가 있다고 해서 먹고사는 문제가 모두 해결되는 건 아니다. 남편이 가장으로 모든 생계를 책임지는 가정이었다면 홀로 된 엄마 가장은 당장 생활비 걱정부터 들지 않겠는가.

한 부모 가정이 되리라고 누가 예상하며 살아갈 수 있을까. 벼락같은 충격 속에서 먹고사는 것도, 내 권리를 찾는 것도 새로 가장이 된 내가 전적으로 책임져야 했다. 사별의 아픔이 아물기도 전에 준비 없이 책임을 짊어진다는 건 참으로 가혹했다. 가정주부로서 평범한 삶을 살다 갑자기 가장이 된 사람에게는 더욱더 감당하기 힘든 짐일 테다. 이들에게 손을 내미는 누군가가 없다면 가난한 사람은 더 가난해지고 불행한 사람은 더 불행해질 수밖에 없다.

사랑하는 사람과 가슴 아픈 이별을 하고 인생의 가장 힘든 시간을 보내고 있는 나는 이제 빗속에 흐르는 울음, 소리 없는 울음, 마음으로 우는 울음, 울고 싶어도 울지 못하는 울음, 그런 외면 받는 울음소리에 주목하고 싶다. 빗속에서 하염없이 울어본 사람만이, 소리 죽여 울어본 사람만이 다른 사람의 울음소리를 가슴으로 듣고 공감할 수 있다.

오프라 윈프리는 "남보다 더 가졌다는 것은 축복이 아닌 사명이다"라고 했다. 남보다 더 많은 재능과 부를 가졌으면서도 그것을 나 자신만을 위해 쓴다면 그것은 가치 없는 인생이리라. 누군가가 나보다 덜 아프고 덜 좌절하기를 바라며 내 힘을 쏟아야겠다고 마음먹자 절망의 그림자가 줄어들고 일어설 수 있는 힘이 생겼다. 내가 아팠기 때문에 사람들은 덜 아팠으면 좋겠다. 당신은 혼자가 아니라는 위로가 되었으면 좋겠다.

얼마 전 통장정리를 하다 쓸데없이 계속 지출되는 비용을 정리한 적이 있었다. 불필요하다고 생각되는 지출을 정리했는데 몇 년째 매월 정기적으로 후원금으로 이체하고 있는 돈이 있었다. '이제 남편도 없는데 후원금을 낼 수 있는 상황인가? 좀 더 허리띠를 졸라매야 되는 것 아닌가?' 그러나 다른 불필요한 지출은 다 정리해도 이 후원금만큼은 계속 내야겠다고 생각했다. 오프라 윈프리의 말처럼 나의 노력과 운의 도움으로 돈을 벌 수 있다면 그것은 축복이 아니라 사명일 것이다. 절망 속에서 고통받는 이들을 위해 나누고, 그럼으로써 돈은 고인 물이 아니라 흐르는 강물이 되어야 하리라.

법륜스님은 즉문즉설 강법에서 "이 세상은 크게 보면 필연으로 움직이고, 아주 가까이서 지켜보면 우연으로 움직인다. 그래서 필연이라고 하는 것도 맞지 않고 우연이라고 해도 맞지 않다. 노력하는 것은 내가 할 일이고 결과는 내가 할 일이 아니다"라고 했다.

나에게 벌어진 모든 사건은 뜯어보면 이해하기 곤란한 일도 많지만 전체로 보면 하나의 흐름을 이루고 있는 것 같다. 가슴 아픈 일도, 기쁜 일도 모두 일어날 일이 일어난 것임을 깨닫는다. 한 부모가정을 위해 작은 목표를 세운 것은 우연처럼 보이지만 결국 필연이리라. 내가 절망 속에서 지키고 싶은 것이 없었다면, 그런 구체적인 목표를 세우지 않았다면 행려병 환자처럼 공허한 떠돌이가 되었으리라.

로마시대의 사상가이자 문학가인 세네카는 "자기 자신만 생각하고 모든 것을 자기의 이익에 귀착시키는 사람은 행복하게 살 수 없다. 진정으로 자신을 위해 살려면 이웃을 위해 살아야 한다"라고 했다.

인간은 타인의 고통을 함께하겠다는 원대한 목표를 세울 때에야 앞으로 나아갈 수 있는 초인적인 힘을 발휘하는 것 같다. 내가 가진 것을 나누고 공유하며 함께하는 삶이야말로 인간이 추구해야 할 궁극적인 삶의 가치가 아닐까.

에릭 시노웨이와 메릴 미도우의 공저 『하워드의 선물』에는 큰 돈을 벌었으나 삶의 의미를 찾지 못한 사람이 등장한다. 하워드는 그에게 이렇게 조언한다.

"직업적, 경제적 성공은 단지 하나의 요소에 지나지 않으며 인생의 마지막 순간까지 이루고자 하는 큰 목표가 있어야 한다."

빌 게이츠는 자신이 '개인용 컴퓨터 업계에 혁명을 일으킨 사람'보다 '아프리카의 질병을 감소시키는 데 작은 역할이나마 한 사람'으로 기억되기를 바란다고 했다.

개인적인 이익과 행복은 단기간의 목표는 될 수 있지만 시련을 떨치고 나아갈 수 있는 큰 목표는 되지 못한다. 나는 성공의 순간이든, 절망의 순간이든 고통받는 사람들과 함께하는 이타적인 삶을 선택했다. 나는 가슴이 부서지는 절망 속에서도 지켜야 할 누군가가 있음을 깨닫고 힘을 냈다.

내가 누군가를 지켜야 한다고 다짐하는 순간, 그들이 나를 일으켜 세워주었다.

4

나는 더 이상 마스카라를
바르지 않는다

    남편이 떠난 후 드라마틱한 변화가 많았다. 이제 최소한의 화장
만하고 더 이상 마스카라를 바르지 않는다. 시도 때도 없이 흐르는
눈물에 화장이 자꾸 지워지는 것도 한 가지 이유이고, 타인의 시선
을 의식하지 않고 자유롭게 살고 싶은 마음도 들었기 때문이다. 더
이상 다른 사람에게 멋있게 보이기 위해 꾸미거나 폼 잡는 일은 하
고 싶지 않다. 내가 원하는 것이 무엇인지 어떻게 해야 더 행복해질
수 있는지 내면에 온전히 집중하고 싶다.

    세계적인 베스트셀러 작가이자 심리학자인 웨인 다이어는 저서
『긍정의 힘』에서 "자유란 어떠한 방해도 없이 자신의 생각대로 자
신의 생활을 영위하는 것을 의미한다. 그 이외의 삶은 모두 노예생

활과 다름이 없다. 만약 어떤 일을 선택하거나 자신의 의지대로 행동하고자 할 때, 무엇인가에 속박당하고 있는 것처럼 느껴진다면 당신은 진정한 자기 지배력을 상실한 것이다"라고 했다.

자유롭게 산다는 것은 친구나 가족에 대한 책임을 부정한다는 뜻이 아니라 자신과 타인의 요구가 충돌할 경우 타인의 의사가 아니라 자신의 의사대로 선택하고 결정하는 것을 말한다. 그래서 책임을 지는 가운데서도 자유로울 수 있다. 자유에 대한 확고한 의지가 없다면 결코 자기 자신의 주인이 될 수 없고 진짜 자유로울 수 없다.

한 지인이 "이제 남편이 없으니 남이 당신을 깔보지 못하도록 이전보다 더 좋은 옷에 좋은 가방을 가지고 다녀야 되지 않겠느냐?"라고 충고했다. 대부분의 사람들은 내적 가치보다 옷, 가방, 돈과 같은 외적 조건을 보며 사람을 평가한다. 사실 나도 남편이 떠나고 나서 홀로 선다는 것이 무척 두려웠다. 보다 정확히 표현하자면 그것은 생존의 공포에 가까웠다.

어느 날, 아들의 학교 선생님과 상담을 위해 학교를 간 적이 있었다. 지인의 충고대로 동생한테 선물로 받고도 거의 쓰지 않던 명품 가방을 들고 학교에 갔다. 그런데 그 명품 가방이 신경이 쓰여 상담에 집중할 수가 없었다. 나는 자꾸 가방의 상표가 보이지 않도록 신경을 쓰며 불편해했다. 마치 나에게 맞지 않은 옷을 입은 것 같았다. 그 가방에게 나의 든든한 '빽'이 되어 달라고 하는 것과 같았다. 어떻게 그런 가방이 나의 '빽'이 될 수 있다고 생각했지? 참 바보 같았다.

타인이 인정하는 무엇인가를 소유하고 있다면 그들로부터 인정받을 수 있다는 착각은 어디에서 시작된 것일까? 진정한 힘이란 명품 가방이나 옷에서 나오는 것이 아니라 자신감과 같은 내면의 힘으로부터 나옴을 망각하고 살았다. 두려움이 커지자 자유의지가 흔들렸다. 명품 가방이 아닌 나만의 방식으로 나를 드러내야 한다. 그것이 진정한 자유일 것이다.

드라마 〈품위 있는 그녀〉의 재벌 집 며느리 우아진은 남편과 이혼 후에 자신의 명품 옷들을 팔아치웠다.

"내가 명품이거든요. 더 이상 옷에 신세 안 지려고요."

그녀는 남편의 외도로 가슴 아픈 이혼을 선택해야 했고 부가 보장된 상류층에서 내려와 스스로의 힘으로 살기로 결단했다. 그녀는 이제 외적 조건이 주는 안락함에서 벗어나 고통스러운, 그러나 자유로운 홀로서기를 감행한다.

페이스북에서 팔로워가 가장 많은 인물 100인으로 선정된 세계적인 동기부여가 브렌든 버처드는 자신의 저서 『두려움이 인생을 결정하게 하지 마라』에서 "자유는 즉각적인 충동, 필요, 사회적 억압을 초월하여 어떤 사람이 될 것인지를 선택할 책임을 부과한다. 우리가 어떤 유형의 사람이 되기 원하는지 진정으로 표현할 수 있고, 진심으로 살기 원하는 인생을 살 수 있고, 남기기 원하는 유산을 남길 수 있게 한다"라고 말했다.

개인적인 자유를 꿈꾸는 사람은 자신을 성장시키고자 불편을 감수하고, 자유를 얻으려고 아픔을 감수하며, 더 강하고 빨라지기 위해 신체를 단련하고, 피곤을 무릅쓰고 일찍 일어나 사랑하는 사람을 돌보고, 자기보다 어려운 사람을 돕는 데 시간을 쓴다고, 브렌든 버처드는 덧붙인다.

자유롭기를 원하면서도 역설적으로 성장하고자 고통을 감수한다는 사실은 자유의 진정한 의미를 다시 한 번 일깨워준다. 진정한 자유는 내가 살고 싶은 삶의 모습을 고민하고, 그 모습대로 살고자 불편함과 고통을 감수하며 부단히 노력하는 삶이며, 타인이 정한 모습대로 살지 않을 권리다. 남이 원하는 모습대로 살아간다는 말은 목에 쇠사슬을 차고 산다는 얘기다.

칸트의 스승이자 철학자인 크누첸은 "남의 말을 흉내 내지 말고, 스스로 생각할 수 있는 사람이 되어야 한다"라고 제자에게 말했다. 칸트는 스승 크누첸의 말을 명심하고 남의 생각을 비판적으로 수용하는 습관을 가졌고 그런 자세가 위대한 철학자를 탄생시켰다.

"자기 자신이 되지 못하도록 계속 붙잡는 세상에서 자기 자신이 되는 것이 가장 훌륭한 성공이다."

미국의 사상가이자 시인인 랄프 왈도 에머슨의 말이다. 남의 시선과 평가를 의식하지 않고 자기 본연의 모습을 지키려면 항상 깨어 있어야 한다.

이제 다른 사람이 옳다고 생각하는 삶의 방식으로부터 나 자신을 확고히 지키고자 한다. 이제 온전히 혼자이므로 이전보다 더 간절하게 내가 원하는 삶의 모습을 스스로에게 묻고, 사람들의 반응에 흔들리지 않으리라.

스승 톨스토이의 가르침대로 영적 수행의 삶을 산 제임스 알렌은 저서 『나를 바꾸면 모든 것이 변한다』에서 "순수하고 아름다운 생각만 하고 늘 현명한 선택을 하기 위해 최선을 다하는 사람은, 단단하고 매끄러운 벽돌로 폭풍우가 몰아쳐도 끄떡없는 마음을 지을 수 있다. 무한한 자유로움과 해방감이 넘치는 생각, 강인한 확신과 책임감 넘치는 아름다운 사고만이 튼튼한 마음의 집을 지어 올릴 수 있는 재료다"라고 했다.

나는 오늘도 나만을 위한 이기적인 생각을 버리고, 실패할 것이라는 두려움을 버리고, 이 세상에 나처럼 불쌍한 사람이 없다는 자기연민을 버리고, 나처럼 잘난 사람이 어디 있느냐는 자만심을 버리고, 남이 잘되는 것을 배 아파하는 뒤틀린 생각을 버리고, 내면이 아닌 외적 모습으로 남을 판단하는 기준을 버리고, 항상 올바른 방향으로 가고 있다고 확신하며 긴강힌 생각을 함으로써 튼튼한 마음을 짓고 있다.

진짜 자유롭고자 외적 배경이 아니라 튼튼한 마음에 기댈 것이다.

5

너무 사랑해서
미안합니다

페이스북의 최고운영책임자인 셰릴 샌드버그가 UC 버클리 대학에서 축사를 하려고 강단에 섰다.

"저는 제 삶의 최악의 날로부터 1년 후인 오늘 여기에 섰습니다. 남편을 잃은 그날은 최악의 날이었어요. 저는 호수같이 깊은 슬픔을 가지고 있고, 그것은 항상 저와 함께하고 여기서도 만질 수 있어요. 저는 제가 그렇게 자주 그렇게 많이 울 수 있다는 것을 몰랐어요."

그녀의 목소리는 여전히 울먹이고 있었다.

셰릴 샌드버그의 말처럼, 나에게도 남편과 이별한 그날은 내 인생 최악의 날이었다. 내 인생 중 그 어떤 것도 남편과의 이별처럼 고통스러운 일은 없었다. 삶의 무게를 함께 짊어진 동반자와 작별의 인사도 없이 어느 날 갑자기 헤어지는 것은 심장을 도려내는 것과 같은 아픔이고 숨이 멎을 것 같은 고통이다. 그것은 마치 세상이 끝나는 것과 같은 깊은 절망이었다.

맛있는 것을 먹을 때, 멋진 경치를 볼 때, 좋은 곳에 다녀올 때, 비슷한 사람을 볼 때, 함께 했던 것들이 생각날 때, 남편이 아끼던 것을 마주할 때, 남편이 나를 위해 사준 것에 시선이 머물 때 나는 어쩔 줄 모르는 아이처럼 시도 때도 없이 눈물을 흘렸다.

멍하게 있다가도 미친 듯이 울고, 운전하다가도 눈물이 흘러내렸다. 나를 있는 그대로 받아들이고 사랑해준 남편이 고마워서, 더 잘해주지 못해 미안해서 한없이 울었다.

정부 정책 사업의 심사를 받으려고 먼 지방까지 장거리 운전을 한 적이 있다. 고속도로를 달릴 때는 대부분 남편이 운전대를 잡았고, 남편의 그런 수고 덕분에 아들과 나는 항상 편안하게 여행을 다녔다. 고속도로를 달리며 문득, 장거리 운전처럼 남편이 우리 가족에게 해주었던 수많은 일들이 생각났다. 그런 남편에 대한 고마움과 함께 앞으로 남편 없이 내가 홀로 해내야 할 수많은 일들이 두려워 또 눈물을 흘렸다.

〈도깨비〉의 은탁은 비 오는 날이면 미친 듯이 울었다. 왜 우는지도 모른 채 눈물을 쏟으며 고통스러워했다. 도깨비는 불멸의 생을 마감하며 은탁에 대한 마지막 사랑으로 자신에 대한 모든 기억을 지워주었다. 은탁은 슬픔의 정체를 모른 채 비 오는 날이면 눈물을 뿌렸다. 기억은 사라지고 슬픔만 남은 것은 은탁에게 고통이었다. 은탁은 스스로 왜 우는지 몰랐다.

마음도 울어야 일어선다

오늘 아빠가 보고 싶다고 우는 아들을 "괜찮다. 괜찮다. 울고 싶으면 맘껏 울어라"고 달래고 서점으로 향했다. 서점에 가는 동안 나역시 눈물이 났다. 책을 보면서도 눈물이 흘렀다. 서점 앞 진열대에 『문재인의 운명』이 놓여 있었다. 페이지를 들추다가 마지막 문구에 눈이 머물렀다.

"당신은 이제 운명에서 해방됐지만, 나는 당신이 남긴 숙제에서 꼼짝하지 못하게 됐다."

오늘도 남편이 떠나고 운명처럼 쓰게 된 글을 끝까지 완주하기 위해 흐르는 눈물을 닦으며 묵묵히 문장 사이로 이어진 길을 걸어간다. 눈물이 키보드에 떨어진다. 흐려진 시야 사이로 커서가 깜박인다. 손가락으로 꾹꾹 누르며 '남편'과 '다짐' 두 단어를 쓴다. 이두 단어 안에는 얼마나 많은 이야기들이 담겨 있는가.

드라이기가 작아서 머리 말리기 힘들다고 투덜거리니 미용실에서 쓰는 대형 드라이기를 조용히 사다 놓고, 시간이 없어 다리미질하기 힘들다는 말을 듣고 간단하게 다리미질할 수 있는 다리미도 사다주고, 노트북이 무거워 들고 다니기 힘들다고 하자 노트북 사양을 모두 조사해서 초경량 노트북을 사다준 남편. 나의 작은 말 한마디도 그냥 지나치지 않은 남편이 보고 싶은 오늘이다. "사랑하는 당신, 당신의 짐을 내려놓고 이제 편히 쉬어요. 나는 당신의 사랑을 기억하며 잘 살아낼게요." 남편이 보고 싶어 빗속에 하염없이 울던 어느 날, 시를 지었다.

당신을 처음 만난 날
당신은 하늘색 밝은 빛으로
내게 다가왔네.

내 영혼은 알았네
당신은 내가 간절히 기다리던 그 영혼이라는 것을
우리는 오랜 기다림 끝에 다시 만났다는 것을.

하염없이 흐르던 비가 그치고
하늘에 밝은 빛을 보았네
그것은 당신의 사랑이자 따뜻한 위로라네.

당신은 나의 첫사랑

그리고 나의 마지막 사랑

우리 다시 꼭 만나요

사랑합니다.

세상에서 가장 고통스러운 것은 울고 싶어도 울지 못하고 가슴으로 우는 고통이다. 울고 싶을 땐 맘껏 울기로 하자. 눈이 퉁퉁 붓도록 목 놓아 울기로 하자. 고개 숙인 꽃대롱이 이슬 쏟아놓고 화사한 얼굴로 아침을 맞이하듯 슬픔에 파묻힌 우리 마음도 울어야 일어선다. 눈물을 통해 아픔을 끄집어내야 아픔의 크기가 얼마나 되는지 비로소 알게 된다. 눈물은 치유다.

마리아 페르난타 헤리디아의 책 『비는 이유를 알고 있다』에서, 루시아가 할머니에게 묻는다.

"눈물이 하는 일이 뭐야 할머니?"

"그들은 물과 같단다. 눈물은 모든 것을 씻어주지. 마치 비처럼 말이야. 비가 오면 모든 것이 달라보이듯이 말이야."

울고 싶은 마음을 미루어서는 안 된다. '강해져야 한다, 울지 말아야한다'라고 되뇌어서는 안 된다. 타인의 시선을 의식하면 안 된다.

눈물을 참는 건 슬픔을 극복하는 것이 아니라 슬픔을 거부하는 일이다. 슬픔을 거부하면 내면에 더 깊은 고통의 샘이 만들어진다.

슬픔에서 벗어나려면 고인 물을 다 길어 올려야 하리라. 로마시대의 사상가이자 문학가인 세네카는 '눈물은 아무리 막으려 해도 흘러내린다. 또한, 흘러내림으로써 영혼을 진정시킨다'고 말했다. 사랑하는 이의 죽음과 그에 따른 고통을 치유하기 위해 글을 쓴 작가 헤롤드 이반 스미스도 눈물을 청한다.

"아픔에 마비되어 우울해하지 말고 마음껏 울어버리고, 과거의 기억을 떠올리고, 기억과 관련된 장소를 찾아가 충분히 추모함으로써 다시 마음을 열어갈 수 있다."

류시화 작가의 저서 『하늘 호수로 떠난 여행』을 읽다가 한 문장을 만난다.

"눈에 눈물이 없으면 그 영혼에 무지개가 없다."

그렇구나, 고통 속에 흘리는 눈물 없이는 인생의 참 의미와 가치를 깨닫지 못하겠구나.

6 / 내 사랑의 혼에 불을 놓아

남편이 갑자기 세상을 떠난 날, 남편이 진짜 죽었느냐고 묻고 또 묻고 그래도 믿기지 않아서 다시 묻다가, 믿을 수 없다고 울부짖었다. 아들은 아빠가 살아계시기만 하면 된다고 치료만 가능하면 된다고 사실대로 말해달라고 애원했다. '사실'이라는 말에 난생 처음 손을 심하게 떨며 경련했다. 나는 그런 아들을 안고 괜찮다고 괜찮다고 엄마가 있지 않느냐고 말했지만 그건 아들이 아니라 내 자신에게 하는 말이었다.

갑자기 남편이 세상을 떠나고 나는 절망에 빠졌다. 그 강렬한 충격에 내가 누구인지 잊어버리고, 이 고통에서 벗어나려면 차라리 죽는 것이 낫겠다는 생각마저 들었다. 남편 없이 앞으로 무엇을 해야 할지 어떻게 살아야 할지 막막했고, 의욕도 사라졌다. 넋을 잃은 상태로 남편의 일을 처리하러 다니다 낮은 계단에 주저앉아 하염없이 울기도 했다. 남편의 사망신고서를 작성하던 날, 손이 부르르 떨렸고 눈물이 앞을 가려 펜을 들 수 없었다. 제정신이 아닌 사람이 '사망'이니 '일자'니 하는 딱딱한 표현으로 가득한 사무를 처리해야 한다는 게 참 가혹했다.

상실을 경험한 자에게 기억은 고통이다. 남편이 나를 바라보던 따뜻한 시선과 섬세한 사랑의 표현들이 떠올라 남편이 미친 듯이 보고 싶었다. 만질 수 없다는 생각은 남편에 대한 기억을 자꾸만 또렷하게 만들었다. 차라리 기억상실증에 걸리면 좋겠다고 눈물을 훔치며 생각했다.

드라마 〈도깨비〉의 저승사자는 망자가 저승길을 가기 전에 마지막으로 차 한 잔을 권한다. 망자가 왜 차를 마셔야 되느냐고 묻자 저승사자는 이승의 기억을 모두 잊게 해주는 신의 마지막 배려라고 답한다.

그것이 얼마나 큰 신의 배려인지 이제 안다. 나도 그 차를 마시고 싶었다.

남편이 세상을 떠났고 그래서 나의 인생도 완전히 바뀌었지만 세상은 변한 게 하나도 없었다. 모든 것은 있던 그 자리에 그대로 있고 사람들은 일상으로 돌아가 이전처럼 그들의 삶을 이어갔다. 변한 것은 오직, 내 동반자가 사라졌고 이제 더 이상 그 착한 사람을 볼 수 없다는 사실뿐이었다. 남편이 아끼던 시계를 보며 삶이 참 허무하다는 생각이 들었다. 우리는 천년만년 영원히 살 것이라고 착각하지만 우리도 언제가 죽을 것이고 세상과 작별할 때는 아끼던 시계 하나 가져가지 못하고 그렇게 맨손으로 떠난다.

내가 일어나니 당신도 일어날 수 있다

제정신이 아닌 상태로 3개월간 거의 일도 하지 못한 채 집에서 넋을 놓고 있었다. 5월초 근로자의 날을 포함해 긴 연휴가 시작되었고 나는 집에서 멍하니 TV를 보고 있었다. 그날 아침도 TV를 켰는데 고장이 났는지 채널이 바뀌지 않았다. 가끔 그런 경우가 있었지만 남편이 고치거나 이리저리 몇 번 만지작거리면 정상으로 돌아오곤 했다. 평소에 자주 보던 채널을 틀어놓고 아무 생각 없이 있고 싶었는데 이번에는 아무리 만져도 채널이 바뀌지 않았다. 바꾸고 싶은 의욕도 사라졌다. 그렇게 의도치 않게 〈세상을 바꾸는 시간, 15분〉이라는 강연 프로그램을 보게 되었다.

한 번도 제대로 본 적이 없는 프로그램이었다. 교수나 박사들의 딱딱한 원론 강의라고 기억하고 있어서 늘 채널을 돌리곤 했다. 그런데 가만히 보니 강연자가 다채로웠다. 다양한 연령과 직업, 배경을 가진 평범한, 그렇지만 위대한 보통사람들이 자신의 스토리와 삶을 통해 얻은 메시지를 전하고 있었다.

한 편, 또 한 편 강연을 계속 보고 있으려니 조금씩 정신이 들기 시작했다. 그렇게 하루 종일 수십 명의 강연을 듣다가 문득 이상한 감정이 들었다.

'나도 지금의 이 절망 속에서 일어서서 내가 이제까지 수많은 좌절을 딛고 어떻게 일어섰는지 나의 이야기를 들려주고, 나처럼 힘든 사람들에게 희망이 되고 싶다.'

수많은 강연자 중에 큰 감동을 준 사람들이 궁금해서 검색해보니 대부분이 책을 쓴 작가들이었다. 강연 무대에 서려면 책이 필요할 것 같았다.

그러다 책장에서 한 권의 책을 만났다. 『하루 1시간, 책 쓰기의 힘』이었다. 몇 달 전에 사다놓고 책장에 꽂아둔 책이었다. 단숨에 읽었다. 당장 책을 쓰고 싶었다. 『하루 1시간, 책 쓰기의 힘』의 작가이자 책쓰기 코칭 전문가인 지인에게 연락해서 만나고 싶다고 전했다. 지인을 만나 책을 쓰기로 한 나의 결심과 그것이 얼마나 간절한지 얘기하고, 책을 쓰려면 구체적으로 어떻게 해야 하는지 상의했다.

작가 천천과 쉬지엔은 수차례 실패와 좌절을 겪으면서 삶에 대한 용기를 상실했다. 그때 우연히 치열한 생존 경쟁을 다룬 자연 다큐멘터리를 보고 큰 깨달음을 얻었고, 그 깨달음을 바탕으로 『결단』을 쓰게 되었다고 밝혔다. 이 책의 저자처럼 나도 고장 난 TV를 보다가 절망 속에서 일어설 수 있는 빛을 보았고, 그렇게 운명처럼 책을 쓰게 되었다.

우리는 역경에 부딪치면 나를 일으켜줄 천사를 기다린다. 누군가의 위로를 갈구하고 손길을 기다린다. 그 마음이 자신을 한없이 나약하게 만든다. 스스로 일어서야 한다는 진리를 알기 전까지는 많이 상처받고 많이 원망한다.

바뀐 건 남편의 부재밖에 없다고 믿던 나도 홀로 서기를 감행하기로 마음먹고 나자 세상이 달라졌음을 깨달았다. 내가 변하면 세상도 변한다. 내 두 다리로 일어서서 책을 쓰겠다고 결심한 순간, 없던 자신감과 용기가 핏줄을 타고 전신으로 퍼져나갔다.

프랑스의 시인 폴 발레리는 "생각하는 대로 살아야 합니다. 그러지 않으면 머지않아 사는 대로 생각하게 될 것입니다"라고 말했다. 내가 결심한 대로 행동하지 않는다면 사람은 환경의 변화에 수동적으로 따라갈 수밖에 없으며, 자책하는 삶을 반복할 것이다. 습관을 떨치고 일어서야 한다.

『하느님과의 수다』에서 저자 사토 미쓰로는 "눈앞의 사건을 나쁜 일로 판단하지 않는 습관이 붙기 시작하면 일어나는 모든 일의 타이밍은 완벽하다는 사실을 깨닫게 된다"라고 했다.

'나쁜 일'에서 '나쁜'을 빼고 그저 시의에 맞게 일어난 '일'이라고 바라보는 연습을 하고 그런 태도에 익숙해지면 비로소 수동적 인생을 능동적으로 갈아탈 수 있게 된다. 모든 일은 그저 타이밍에 맞게 일어났을 뿐이다. 그날 그 시간에 TV가 고장 난 것도, 〈세상을 바꾸는 시간, 15분〉을 여덟 시간 동안 보게 된 것도 일어날 일이 완벽한 타이밍에 일어난 것뿐이다.

글쓰기는 쉽지 않았다. 주말이 되면 잡념이 머릿속을 헤집어놓았다. '남편 없이 앞으로 어떻게 살아야 하나?', '이대로 다시 일어서지 못할 것 같아.' 하는 부정적인 생각들이 도둑처럼 찾아왔다. 그러면 자신감이 시들고 한없는 무기력이 내려앉았다. 흰머리만큼 많은 두려움이 돋아나면 얼른 가방을 싸서 도서관으로 향했다.

지금 이 순간에도 글을 쓰며 버틴다. 지난 시간 내가 어떻게 역경을 이겨냈는지 떠올리고, 행복했던 순간과 감사했던 순간을 되새기며 살아야 하는 이유, 다시 일어서야 하는 이유를 찾는다.

가장 오래된 서사시 『오디세이아』의 저자 호메로스는 이렇게 말한다.

"자신이 공들이고 견뎌낸 모든 것을 기억하는 사람에게는 슬픔조차 오랜 시간이 지나면 기쁨이 된다."

기억은 이제 지워야 할 것이 아니라 적극적으로 떠올려야 할 것으로 변모한다. 글쓰기는 기억을 재생시키고 상화시키는 시간이었다.

나는 다시 떠올린다, 내가 지금까지 편견과 차별을 딛고 시련을 극복한 강인한 사람이었다는 사실을.

나는 다시 되찾는다, 내게는 어떤 절망 속에서도 다시 일어설 수 있는 자신감이 있음을.

암흑을 뚫고 빛을 찾던 시절이 있었던 것처럼, 나는 무겁게 내려앉은 낮은 천장을 뚫고 찬란하게 비상할 것이다. 그래서 절망에 빠져 있는 사람들에게 외치고 싶다.

"내가 절망 속에서 일어섰으니, 당신도 일어설 수 있다."

어떻게 바닥을 치고 반등할 수 있는지 말하고 싶다. 어둠을 품은 밝은 빛이고 싶다. 나의 내면의 아픔과 고통이 세상을 향한 빛이기를 바란다. 돌부리에 걸려 넘어질 때도 다른 사람을 축복할 수 있는 사람이 되기를 손 모아 기도한다.

어제의 파편을 쓸어 담는다. 어제의 좌절도 고스란히 접어둔다. 두려움은 극복하는 것이 아니다. 두려움을 타고 함께 간다. 내가 할 일은 오늘을 내 남은 인생의 첫 날로 받아들이는 것이다.

7

기억할 수 있는
오늘을 산다는 것

아침에 아들에게 너의 가슴 아픈 이야기를 책에 써도 되는지 물었다. 아들은 괜찮다고 했다. 그리고 "그건 네 잘못이 아니라 그들의 잘못"이라고 꼭 말해주고 싶다고 했다. 아들은 자기처럼 힘든 아이들에게 많이 힘드냐고, 괜찮다고, 네 잘못이 아니라고 말해주고 싶어서 용기를 냈다. 어린 아들의 모습을 보고 어른인 나보다 더 용기 있다고 생각했다.

아들은 친구에게 욕을 하거나 함부로 대하지 않았다. 그렇게 남과 다른 아들이 약하게 보였는지 초등학교 때 심한 왕따를 당했다. 아들이 심한 왕따를 당하고 있다는 것을 알고 교장선생님을 만나 이런 일이 없도록 아이들 교육을 잘 시켜달라고 부탁했지만, 상황은 계속 심각했고 더 좋아지지 않았다. 나는 아들의 한 친구로부터 다른 아이들이 이 세상에서 가장 심한 욕이 우리 아들 이름 석 자라고 말했다는 것을 듣고 학교와 처절한 싸움을 시작했다. '이 세상에서 가장 귀한 이름, 내 아들 이름이 가장 심한 욕이라니.' 그런 말을 듣고 나서 표현할 수 없이 가슴이 아팠고, 엄마로서 더 이상 가만히 있을 수 없었다. 아들이 상처받을까 봐 쉬쉬하는 것은 더 이상 이 문제를 해결할 수 있는 방법이 아니었다.

아들의 그런 아픔을 몰라서 너무 미안했고 차라기 내가 왕따가 되리라는 처절한 마음에 외로운 싸움을 시작했다. 아무도 내편을 들어주지 않았고 모든 학부모가 학교를 시끄럽게 한다고 나를 비난했다. 아들이 가장 친하게 지내던 친구의 엄마조차 나에게 전화해서 "우리 아이가 학원을 가야 되는데 당신 아이 일로 조사받느라 학원에 늦었다. 왜 시끄럽게 하느냐"고 말했다. 우리 가족과 많이 친했기 때문에 이렇게 힘든 일이 있을 때 우리에게 힘이 되어줄 것이라고 기대했지만 자기 아들에게 피해가 된다며 냉정히 돌아서는 그 사람을 보며 결국 인생은 철저히 혼자이고, 나 혼자서 세상과 맞서야 한다는 것을 배웠다. 혼자 학교와 싸워야 하는 것이 두렵기도 했지만, 나는 엄마니까 그래서 자식 대신 죽을 수도 있으니까 나는 끝까지 가겠다고 다짐했다.

나는 아들의 컵스카우트 단복 도난 사건과 그동안 친구들이 아들을 괴롭힌 사건들을 모두 정리해 학교에 제출하고 제대로 조사해달라고 요구했다. 나는 그동안 있었던 일들을 얘기하며 이런 상황이 될 때까지 학교는 무엇을 했느냐고 항의했다. 강하게 항의하며 조사를 요구하자 학교는 마지못해 학교폭력자치위원회를 열었다. 그런데 남편과 함께 학교폭력자치위원회에 참석한 나는 정말 어이가 없었다. 피해자는 있는데 가해자가 아무도 없었다. 학교는 조사를 했는데 가해자 아이들이 험담하거나 괴롭힌 일이 기억이 안 난다고 했다는 것이다. 그러니 가해자가 없다는 결론이었다. 말로 괴롭힌 것이나 신체 폭행한 것이나 모두 말이다.

학교의 황당한 대처에 어이없어 하며 집으로 돌아왔는데 아들이 "엄마, 애들이 사과했어요?"라고 물었다. 해머로 머리를 두들겨 맞은 것 같았다. 아들이 원하는 것은 진정한 사과인데 '나는 과연 최선을 다했는가?'라고 스스로에게 물었다. 남편은 이제 그만하자고 했고 나도 두려웠지만 아들의 그 말을 듣고 멈출 수 없었다. 가해자로부터 아무런 사과도 받지 못한 채 이렇게 끝낸다면 평생 아들에게 미안할 것 같았다. 그리고 엄마로서 내 자신에게도 부끄러울 것 같았다.

나는 학교가 언어폭행의 증거가 없어 가해자가 없다고 주장한다면, 증거가 명백한 신체폭행 가해자는 처벌해야 한다고 생각했다.

나는 아들 친구가 이유 없이 아들의 손가락을 꺾어 폭행한 사건으로 치료받은 병원에서 진단서를 받아 경기도 교육청에 이 사건을 조사해달라고 탄원서를 썼고, 진단서를 증거로 제출했다. 탄원서를 내자 교육청에서 학교로 연락이 갔는지 그제야 학교에서는 어떻게 해주면 좋겠느냐고 물어왔다. 아들이 원하는 것은 괴롭힌 아이들이 진심으로 사과하는 것이니 가해자가 진심을 다해 사과해야 한다고 했다.

그렇게 언어 폭행한 아이들은 모두 기억이 안 난다고 빠져나가고, 신체폭행으로 증거가 있는 아이의 사과만 받게 되었다. 아들이 사과를 받은 그 날은 참 슬픈 날이었다. 너의 행동이 얼마나 나쁜 짓이고, 내가 얼마나 아팠는지 말해야 하는 것은 슬픈 일이다. 자신의 잘못을 인정하지 않으려는 사람과 싸워서 사과를 받아내야 한다는 것은 가슴 아픈 일이다. 나는 이 일에서 인간이 자신과 다르다는 이유로 다른 사람에게 얼마나 잔인해질 수 있는지, 나와 다름을 인정하지 않는 것이 얼마나 큰 고통을 가져 오는지 알았고, 그 깨달음에 가슴 아팠다.

그 일 이후 아들에게 "이사 갈까?" 하고 물었다. 아들은 "내가 잘못한 게 아닌데 왜 이사를 가요?"라고 했다. 그런 아들을 보며 '네가 나보다 낫구나' 하고 생각했다. 어쩌다 마주치는 학부모들의 수군거림과 냉대를 대하면 나도 자신이 없고 위축될 때가 있는데, 매일 전쟁터와 같은 학교에서 아들은 자신을 힘들게 하던 아이들을 마주쳐야 함에도 불구하고 떳떳하기에 당당하게 피하지 않고 싶다는 아들의 용기에 박수를 보내면서도, 그 일 때문에 아들이 겪게 될 또 다른 상처 때문에 가슴 아팠다. 그런 아들이 이제 고등학생이 돼 자신과 비슷한 고통을 겪고 있는 아이들을 위해 용기를 내겠다고 하니 정말 대견하다는 생각이 들었다.

아들은 전학을 가지 않은 채 초등학교 친구들과 그대로 중학교에 같이 진학했다. 어떤 아이들은 아들의 새로운 중학교 친구에게 초등학교 때 있었던 아들의 일을 가지고 험담을 하고 다녔다. 아들은 가끔 그런 말을 들을 때면 힘들어했고, 어느 날 "엄마는 초등학교 때 그냥 조용히 있지 왜 그렇게 시끄럽게 해서 아직도 애들이 그때 얘기를 하게 만들어요" 하고 말했다. 아들의 그 말을 듣고 가슴이 아팠다. 힘들어하는 아들을 위해 최선을 다했지만, 그런 사랑이 아들에게 또 다른 상처를 준 것이 아닌가 하는 마음에 미안했다. 하지만 또 다시 그때로 돌아간다 해도 나는 같은 선택을 할 것이다. 사랑하는 자식이 고통받고 있는 모습을 외면하고 가만히 침묵하고 있을 부모는 없을 것이다.

누군가의 최선을 최악이라고 비난할 수 없다

아들은 그 후로 스스로 자신을 지키려고 권투를 배웠고, 친한 친구를 이유 없이 괴롭히는 다른 아이를 혼내주기도 했다. 권투를 잘한다는 소문이 나면서 아들에게 시비를 거는 아이들이 거의 사라졌다. 누구보다 친구의 고민에 공감하고 귀 기울여 잘 들어주기 때문에 쉬는 시간이 되면 교실 밖에서 아들을 만나려고 기다리는 친구도 있었다.

아들이 어느 날, "내가 함부로 할 수 있다는 것을 보여주어야만 친구가 나에게 함부로 하지 않아요. 그건 정말 슬픈 거예요"라고 말했다. 어른인 나는 아무 말도 할 수 없었다.

아들의 왕따 사건으로 나는 초등학교 학부모 사이에서 유명 인사가 되었다. 학부모들이 모이면 모두 내 험담을 했고 나는 아들 대신 왕따가 됐다. 어느 날, 아들 친구의 엄마와 전화하던 도중 "엄마들이 모이면 ○○이 엄마 얘기를 하던데 나라면 스마트하게 처리했을 것 같아"라고 말했다. 그 스마트하게가 어떤 스마트하게인지 알 수 없으나 나의 대응이 현명하지 못했다는 말인 것 같았다. 그런데 그 후 그 집 아들이 학교 친구에게 심하게 괴롭힘을 당했고, 그 엄마는 엄청 화가 나서 학교와 괴롭힌 아이 엄마에게 강하게 항의했다고 한다.

나중에 그 친구 엄마는 우리 아들을 만나자 "네가 괴롭힘을 당했을 때 너의 엄마도 많이 힘들었겠구나"라고 했다고 한다. 사람은 자신이 그 일을 겪어보기 전까지는 그 일이 절대 자신에게는 일어나지 않을 것이라고 자만하고, 오히려 타인의 말과 행동을 탓한다. 세상의 이치는 정확하기 때문에 그런 일이 언제 어떤 형태로 나에게 일어나느냐 하는 것은 시간문제일 뿐, 모든 사람에게 공평하게 일어난다는 사실을 잊어서는 안 된다. 그래서 누군가의 최선을 최악이라고 비난해서는 안 된다.

영국의 오디션 프로그램 〈브리튼즈 갓 탤런트〉에 출연한 왕따 소년 앤드류 존스턴은 클래식을 좋아한다는 이유로 '게이'라는 놀림과 왕따를 당해 오랫동안 다니던 성가대를 그만둔 적도 있었다. 그는 "한동안 밖으로 나가지 못할 정도로 힘들었어요. 방 안에 틀어박혀 계속 숨어버리고 싶은 기분이었지만 그것이 더 이상 해결책이 될 수 없다는 생각이 들었어요. 심하게 놀림을 받은 그때는 다 포기하고 싶었어요"라고 했다. 그는 "어머니가 언제나 힘을 주었고 그런 어머니가 없었다면 따돌림을 이겨내지도 지금처럼 노래를 부를 수도 없었을 거예요. 어머니는 항상 제 재능을 밖으로 끌어낼 수 있도록 격려와 시원을 아끼시 않았어요"라고 덧붙였다. 남과 다르다는 이유로 고통을 받는 것은 가슴 아픈 일이다. 이런 시련의 시기에 아들의 모든 것을 이해하고 어둠에서 벗어날 수 있도록 격려하고 끝까지 함께할 어머니가 있다는 것을 알려주어야 한다.

초등학교 때 아들이 집에 와서 서럽게 운 적이 있었다. 왜 우느냐고 물으니, 친구가 심하게 욕을 하며 자기를 너무 화나게 해서 오늘 처음으로 친구에게 욕을 했는데, 절대 욕을 하지 않겠다는 자신과의 약속을 깬 것이 속상해서 운다고 했다. 아들은 자신이 옳다고 생각하는 것을 지키며 살고자 했다. 세상은 각자의 살고자 하는 방식을 포기하고 남들과 같아지라고 한다. 그래야 행복해진다고 한다. 그래야 강해진다고 한다.

사랑은 자란다. 아들에 대한 사랑도 점점 더 자라는 것 같다. 때로는 너무 사랑해서 내 바람대로 살아주기를 바라기도 하고, 친구가 욕을 하면 너도 같이 욕하라고, 왜 다른 사람처럼 살지 못하냐며, 남들과 같은 방식으로 살라고 강요한 적도 있었다. 하지만 자식이 나와 다른 완전한 인격체임을 인정하고, 스스로 자신의 장점을 발견해서 살고 싶은 삶을 선택할 수 있도록 지켜보고 격려하는 것이 얼마나 중요한지 알게 되었다.

아인슈타인의 어머니는 아들에게 자주 이렇게 말했다.

"너는 세상 다른 아이들에게 없는 훌륭한 장점이 있단다. 그래서 이 세상에는 너만이 감당할 수 있는 일이 너를 기다리고 있지. 그 길을 찾아가야 한단다. 너는 틀림없이 훌륭한 사람이 될 거야."

아들은 남과 다르다는 이유로 왕따를 당했다. 그러나 그 다름은 훌륭한 장점이 돼 아들을 특별한 존재로 만들어줄 것이라고 믿는다. 아들은 자신의 장점을 살려 아들만이 감당할 수 있는 일을 만나게 될 것이다. 다름을 인정하지 않고 남과 같아지라고 끊임없이 강요하는 세상이지만 정신을 똑바로 차리고 자신의 방식대로 살아가야 한다. 어떤 시련의 순간에도 남과 다른 자신이 위대한 존재임을 잊어서는 안 된다.

자신의 차별성을 포기하고 남들처럼 평범한, 그저 그런 사람이 될 것인가? 아니면 남과 다른 나만의 장점을 지키고 키워 나만이 감당할 수 있는 일을 할 것인가? 세상은 살아남으려면 남과 같아지라고 강요한다. 하지만 자신만의 고유한 빛깔이 나를 가장 빛나게 만든다는 것을 잊지 말아야 한다. 남과 다르다는 것은 시련이 아니라 하늘의 축복임을 잊지 말아야 한다.

5부

오늘도
감사하며 삽니다

'또 딸'이라는 이름을 갖고 태어난 나는 마음껏 못 배운 어머니의 '자식'으로 자라 '여자'라서 안 된다는 해외영업의 길로 사회에 나왔으며, '아내'가 되고 '엄마'라는 이름을 얻어서 살다가 다시 'CEO'로 자라왔다. 또 그 무엇이 내 이름이 될지 지금은 알 수 없다. 그러나 미래의 저곳에서 뭔가가 나를 기다리고 있음을 나는 예견하고 있다. 지금 그 길을 향해 한 걸음을 내딛는다.

1

내 가슴에 고래 한 마리가
헤엄치고 있다

며칠 전에 소식이 뜸하던 중국인 친구로부터 연락이 왔다. 작년 여름쯤 중국어 선생님과 학생의 인연으로 만난 사이였다.

"곧 중국으로 돌아갑니다. 한국을 떠나기 전에 작별인사를 나누고 싶어서 전화 드렸어요."

이 친구는 한국을 좋아했다. 한국어 어학연수를 오고 싶었지만 형편이 어려워 차선책으로 택한 게 중국어 강사였다. 그는 한국 비자를 받으려고 6개월 동안 경찰서를 끈질기게 찾아가서 범죄기록이 없다는 증명서를 발급받고 한국으로 건너왔다.

중국어 강사로 일하며 한국어를 체계적으로 공부하기란 여간 힘든 일이 아니었다. 한글 교본을 들고 쩔쩔 매는 모습이 늘 안타까웠다. 나는 일요일에 시간이 빌 때마다 그를 만나서 한국어를 가르쳐 주기도 하고, 원어민 중국어 강사에게 개인 레슨을 받으려는 사람이 있으면 소개시켜 주기도 했다.

그러던 지난 겨울 이 친구가 일하던 학원이 경영난에 빠져 폐업 위기에 처했다. 비자 만료일도 2월말까지라서 얼마 남지 않은 상황이었다. 자칫 무직으로 지내다가 불법체류자가 되면 큰일이었다. 그는 1년만 더 한국에서 일하고 싶어 했다. 그러자면 새로운 직장을 알아봐야 했다.

그러나 일자리 찾기도 만만치 않은 모양이었다. 비자만료일은 성큼 다가오고 있었다. 혹시나 우리 회사 직원으로 채용할 수 있을까 싶어서 출입국관리사무소와 고용노동부, 대사관 등에 문의했지만 학원 강사 비자로 한국에 온 사람은 다른 직종으로 취직할 수 없다는 답변이 돌아왔다.

그런데 실력 좋은 그 친구가 왜 학원 취업이 힘든 걸까? 사정을 알아보니 이유가 있었다. 한국어가 서툴러 이력서를 제대로 작성하지 못했고, 또 학원공고를 못 찾았기 때문이었다. 우리는 밤 10시가 넘어 학원수업이 끝나면 머리를 맞대고 앉아 한글로 이력서도 쓰고 중국어 원어민 강사를 보습하는 학원을 찾기도 했다.

마침 겨울방학이라 신학기에 근무할 원어민 강사를 찾는 초등학교가 있었는데 남자 강사는 안 된다며 거절 메시지를 보내왔다. 중국어학원을 운영하는 지인에게 어렵게 부탁했을 때도 돌아오는 답변이 똑같았다.

"학부모들이 남자 강사를 싫어해서 말이야."

그런데 운이 따랐다. 현재 다니는 학원이 당분간 학원을 계속 운영하게 되면서 자리 문제가 일시에 해결되었다. 그는 극적으로 연장 비자를 받아 한국에서 계속 근무할 수 있었다. 그는 고맙다며 적은 월급을 쪼개 나와 아들에게 맛있는 밥을 사주기도 했다. 그 이후 남편을 잃고 더 이상 학원을 못 다니게 되면서 연락이 끊겼고 오랜만에 다시 만나게 되었다.

"다니던 학원이 드디어 문을 닫네요. 그래서 돌아가게 되었습니다."

"1년은 더 있고 싶다고 했잖아요?"

"할머니가 병세가 깊어지셨어요. 저를 보고 싶어 하세요."

그는 머리를 긁적이며 이렇게 덧붙였다.

"중국에 돌아가서 한국어 학원을 다니며 기초부터 다시 한국어를 배우려고요. 중국에 있는 한국 회사에 취직하고 싶어요."

나는 그의 꿈을 응원했다. 그 응원은 다시 일어서야 하는 나를 위한 응원이기도 했다.

"돌아가면 한국어 공부 열심히 해서 꼭 좋은 한국 회사에 취직해요."

한국에서 마지막이 될지도 모르는 만남이었다. 그 친구가 좋아하는 감자탕을 사주었다.

"혹시라도 한국 사람에 대한 나쁜 기억이 있다면 다 놓고 가면 좋겠어요. 그가 한국 사람이라서 나쁜 게 아니라 그 사람의 인품에 문제가 있는 거죠."

그는 남편을 잃고 힘들어 하는 나에게 "지금은 새벽이고 곧 날이 밝을 것이다"라는 멋진 위로의 말을 들려주었다.

"우리는 친구니까 중국에 돌아가도 계속 연락해요. 아들이 방학을 하면 꼭 중국의 우리 집으로 보내세요."

예의상 고맙다고 하니까 진짜라며 아빠가 돌아가셔서 아들이 많이 힘들 테니 꼭 보내라고 했다. 아들이 중국에 오면 우한 공항에서 아들을 기다리겠다고도 했다. 무척 고마웠다. 그가 나를 친구로 여겨주는 게 느껴졌다. 친구란 어려움을 나누는 사이가 아닌가.

우리는 선생님과 학생으로 만나 이제 친구가 되었고 이제 또 그 무엇이 되어 다시 만날 것이다. 이 세상에 변하지 않는 것은 없다. 몸도, 마음도, 사람의 관계도 모두 변한다. 그 친구가 계속 가까이 있으면 나에게는 좋은 중국어 선생님이 있으니 좋고, 아들에게는 좋은 형이 있어서 좋겠지만 그건 욕심이리라. 대신 서로의 발전과 변화를 기쁘게 응원할 때 우리 각자는 또 다른 성장의 시간을 맞이할 것이다.

철학 위에 서라

그 친구를 도와 학원을 알아보고, 추운 겨울에 거의 매주 일요일마다 시간을 내 한글을 가르치는 것은 쉽지 않은 선택이었다. 왜 그런 선택을 했느냐고 묻는다면 그의 어려움을 외면하고 싶지 않은 마음 때문이었다고 답할 것이다. 내 도움이 필요한 사람이 있다면 나는 그에게 감사해야 한다. 내가 할 일을 그가 주었으므로. 내가 나의 역할을 기꺼이 짊어지려고 할 때 그것은 더 이상 짐이 아니며 행복한 동행이 된다. 내가 배운 수많은 진리를 실천할 수 있는 또 한 번의 기회를 얻은 것이기도 하다.

얼마 전 소방관의 처우에 대한 기사를 보다 울컥해서 눈물을 쏟은 적이 있다. 소방관은 구조하는 동안 '두 사람을 살릴 수 있게 해달라'고 기도한단다. 등에 업은 구조자와 그리고 자기 자신. 자신이 죽으면 그를 구조할 수 없기 때문이다. 타인을 살리고자 자신을 기꺼이 버리는 희생정신과 사명감에 대해 오래 생각했다. 화재의 최전선에서 목숨을 걸고 싸우고, 목숨을 걸고 구조한 사람이 왜 살렸냐고 욕하고, 동료가 눈앞에서 구조 중에 숨진다. 그런 충격 속에서도 소방관을 포기하지 못하는 이유는 무엇일까? 눈을 감으면 도움을 요청하는 외마디 비명이 들리는 듯하고, 귀를 막으면 화마에 발을 동동 구르는 아이의 모습이 떠오르기 때문이리라. 지금 누군가 애

타게 손길을 기다리고 있는 게 느껴지는데 어떻게 옷을 벗을 수 있을까?

드라마 〈태양의 후예〉의 주인공 유시진 대위가 작전에 투입될 때의 눈빛을 잊을 수가 없다. 오늘이 마지막일지도 모르는 상황에서 사랑하는 사람을 두고 떠날 때의 그 눈빛, 그리고 '군복은 수의'라고 하던 그의 말은 가슴을 울렸다. 왜 그렇게 유시진 대위의 말에 큰 울림을 느꼈는지 훗날 깨달았다. 그의 말과 눈빛에는 신념이 있기 때문이었다.

30대의 나는, 내가 하고 있는 일에 대한 가치와 의미를 찾아 치열하게 고민했다. 가치 있는 일을 하고 있다고 확신하면서도 '왜 나는 좀 더 편한 길을 선택하지 못하고 아무도 인정해주지 않는 험난한 길을 가려는가?'라는 의문 속에 괴로워한 적이 많았다. 영어와 일어 스펙을 바탕으로 외국계 기업에 지원할 수도 있고, 좀 더 좋은 조건에 편안한 자리에서 일할 수 있는 기회도 있었다. 작은 파도에도 난파를 걱정해야 할 만큼 불안정한 중소기업에서 일하는 동안 나는 더 안락한 조건을 선택할 수 없는 나 자신을 때때로 한심해하고, 답답해했다.

그러나 나중에 내가 왜 그 험난한 길을 택했는지 스스로 깨닫게 되었다. 더 큰 내가 되고 싶은 마음 때문이었다. 한국 제품을 수출하여 외화를 버는 일이 내가 할 수 있는 애국이라는 신념이 있었다. 그

신념을 따라, 가슴의 울림을 따라 좁은 문을 선택했다. 그런 신념이 있었기 때문에 전 세계를 상대로 시장개척을 하며 아무리 험난한 길이라도 포기하지 않고 계속해서 전진했던 것이다.

수출자문업체의 CEO가 되었을 때 나는 내 회사의 디딤돌로 다음과 같은 철학을 깔았다.

"중소기업이 자립하여 스스로 수출할 수 있는 능력을 키우도록 지원하는 수출자문은 무엇보다 가치 있는 일이다."

혹자는 비즈니스에 무슨 철학을 운운하느냐고 반문하기도 하고, 쓸데없는 짓 하지 말고 네 상품이나 잘 팔라고 한심하게 보기도 한다. 하지만 철학이 없다면 우리의 꿈이나 비즈니스는 결국 돈의 크고 작음의 문제로 환원된다. 눈을 감으면 나를 필요로 하는 사람들이 떠오른다. 그들에게 내 경험과 노하우를 전수하고 그들의 성장에 기여하는 일은 다시 나를 성장시키는 근거가 된다. 나만의 철학은 내가 의도치 않음에도 불구하고 '다름'을 만든다. 이 세상에 나라는 사람이 다녀간 그 흔적이 만들어진다.

"사람에게 소중한 것은 이 세상에서 몇 년을 살았느냐가 아니다. 이 세상에서 얼마만큼 가치 있는 일을 하느냐 하는 것이다."

오 헨리의 아름다운 문장이다. 정말 가치 있는 삶을 살려면 내 가슴에서 헤엄치는 고래 한 마리를 찾아야 한다. 우리 가슴은 생각보다 작지 않다.

2

그 무엇도 간절함을
이기지 못한다

조카가 항공우주를 공부하고 싶다며 미국으로 유학을 간 지 벌써 3년이 되었다. 처음부터 미국 유학을 계획에 두었던 것은 아니었다. 조카는 한국의 대학에서 항공우주를 전공하고 있었는데, 어느 날 친한 친구들로부터 '그 대학을 나온다고 해도 네가 원하는 길을 가기는 힘들 것이다'라는 부정적인 말을 듣고 큰 충격을 받았다. 조카는 자신의 꿈을 응원하지 않는 친구들과 연락을 끊고 자신의 꿈에만 집중했고, 미국 유학을 결심했다.

조카는 우리 집에서 1년 정도 머물며 유학을 준비했다. 어학원을 다니며 영어를 공부하고 유학 수속 절차와 항공우주전공이 있는 미국 대학의 학비와 입학 조건을 알아보았다. 하지만 비용이 만만치 않았다. 유학은 현실적으로 불가능해 보였다. 조카는 수심이 깊었다.

지금도 조카의 뒷모습을 잊을 수 없다. 그 아이를 보고 있노라면 돈이 없어서 쩔쩔 매던 내 어린 시절의 기억이 떠올랐다. 괴로웠다. 며칠 후, 힘없이 책상에 앉아 있는 조카를 불렀다.

"1년 동안의 학비를 보내줄 테니 더 이상 망설이지 말고 내일 당장 유학 수속을 밟아라. 일단 미국에 가서 1년을 버티고 나면 그 다음은 또 다른 길이 열릴 것이니 먼 미래는 걱정하지 말고."

그렇게 해서 조카를 미국으로 보냈다. 아이는 지금 미국의 한 주립대에서 항공우주를 전공하고 있다.

간절함은 때때로 다른 사람의 마음을 움직이게 하고 기꺼이 책임을 함께 지게 만든다. 그러니 무언가 꼭 이루고 싶은 일이 있다면 간절히 염원하길 바란다. 좌절의 순간, 꿈이 멀어지는 것 같고 나만 뒤처지는 것 같다고 초조해할 필요 없다. 당신은 모죽이다. 더 단단해지기 위해 매일 조금씩 아래로 뿌리를 내리는 대나무처럼 내일의 성장을 위해 지금은 땅을 고를 뿐이다.

벼락이 쳐도 흔들리지 않을 단단한 마음과 식음을 전폐할 만한 간절함이 있다면 그 무엇도 그대를 멈추게 할 수 없으며, 어느 순간 꿈에 한 걸음 다가간 자신을 발견히게 될 것이다.

일본 3대 경영의 신이라 불리는 이나모리 가즈오는 저서 『왜 일하는가』에서 이렇게 말했다.

"'어떻게 해서라도 이렇게 되고 싶다'고 간절히 바라면 그 생각이 반드시 그 사람의 행동으로 나타나고, 행동은 생각을 더욱 간절하게 한다. 하지만 그 간절함은 분명하지 않으면 안 된다. 막연한 간절함이 아닌 '반드시 이렇게 하고 싶다', '이렇게 되지 않으면 안 된다'라는 의지와 다짐이 분명한 간절함, 그런 꿈이 아니면 안 된다."

오늘도 고난 속에 있는 사람들에게 힘과 용기를 줄 수 있도록 생명이 있는 글을 쓰게 해달라고 나 역시 간절히 염원하며 노트북 앞에 앉아 있다. 그런 간절함은 고통 속에서도 계속 글을 쓸 수 있는 힘을 주었다.

"아이들은 당장 해야 할 일이 뭔지 알고 그것에만 몰입하기 때문에 결국 차례차례 원하는 걸 얻게 돼. 명심하게. 하나를 선택하면 전부 얻을 수 있지만, 모두를 선택하면 하나도 얻기 힘들다는 걸."

에릭 시노웨이와 메릴 미도우의 공저 『하워드의 선물』에 나오는 글이다.

인간의 강한 의지는 이루어야 할 목표에 강렬하게 몰입하게 하며, 때로는 인간의 한계를 뛰어 넘는 힘을 발휘해서 굳게 닫힌 문을 활짝 열어젖힌다.

지난날을 되돌아보면, 과연 어떻게 그렇게 많은 일을 처리하며 기적과 같은 성과를 냈는지 도저히 믿기지 않는다. 국내영업과 해외영업을 동시에 하며, 연간 130억 원의 매출실적을 달성했고, 퇴사

전까지 8년 동안 매출실적 1위를 기록했으며, 외환보유고 200만 달러의 수출기업을 만들었다.

해외영업의 꿈을 이루겠다는 강렬한 의지는 하이힐을 신고 납품하게 만들었고, 사고방식을 전환시켜 여자라는 단점을 최고의 장점으로 돌렸다. 먼저 여성의 섬세하고 감성적인 소통방식이 글로벌 세일즈맨이 되는 측면에서는 최고의 강점이라고 스스로 확신함으로써, 여자는 글로벌 세일즈맨이 될 수 없다는 편견을 당당히 극복할 수 있었다. 타인의 시선은 중요하지 않았다. 이루어야 할 목표에 핀조명을 켜고, 매일 매일 해야 할 일을 묵묵히 처리했다. 비행기를 타고 출장 가던 어느 날, 나는 내 꿈을 이루었음을 알게 되었다.

페루의 시인이자 노벨문학상 수상작가인 파블로 네루다는 "단점은 외면하면 끝까지 단점이지만, 극복하면 제일 강력한 무기가 되니까요"라고 말했다.

능동은 간절함의 힘

쓰나미 때문에 원전사고가 발생한 후 일본에는 음식의 안전성에 대한 불안감이 커졌다. 나는 일본 바이어와 상담하러 출장을 떠나면서 생수 15병과 컵라면을 들고 갔다. 일본의 지하철은 엘리베이터

나 에스컬레이터 설치가 안 된 곳이 많아 계단을 피할 길이 없었다. 생수가 든 무거운 가방을 들고 땀을 뻘뻘 흘리며 지하철을 환승해 힘겹게 호텔에 도착했다. 숙박료가 저렴한 호텔이었다. 단열이 잘 안 되는 얇은 창문으로 겨울의 찬 기운이 스며들어 잠을 잘 수 없었다. 다음 날 아침, 목이 아프고 열이 났다. 컨디션 난조로 바이어 상담도 제대로 수행하지 못했다. 출장은 엉망이었다. 귀국 후 한동안 몸살감기로 고생했다. 그럼에도 해외영업은 내가 지켜야 할 꿈임을 단 한 순간도 의심하지 않았다. 고작 생수병 나르는 고생과 허름한 숙소 하나가 소중하게 이룬 내 꿈을 망칠 수는 없었다.

나는 처음부터 화려한 일이나 좋은 대접에 관심이 없었다. 내가 선택한 길이 가시밭길임을 잘 알았고, 그 길로 들어가는 것이야말로 나를 가장 나답게 만드는 것이라고 믿었다. 가슴의 울림을 따라 시작한 일이었으므로 설령 오르막길이 이어지더라도 충분히 각오는 되어 있었다.

영어, 일어, 중국어를 어떻게 마스터했는지 비결을 묻는 사람들이 있다. 유학 한 번 안 가고 3개 국어를 마스터한 비결 역시 간절함이었다. 일어를 전공했지만 나는 전공을 좋아하지 않아서 열심히 공부하지 않았다. 처음 회사에 입사한 지 얼마 안 되었을 때 일본에서 손님이 왔다. 사장님의 호출을 받고 갔더니 일어 통역을 요청했다. 일어 전공이니 비록 열심히 공부하지 않았어도 기본은 할 수 있으리라 믿었으나 한 마디도 알아들을 수 없었다. 창피했다.

그 사건을 계기로 나는 일본어는 해외영업에서 필수임을 알게 되었다. 며칠 뒤부터 회사를 퇴근하고 일어학원을 다녔다. 매일 출퇴근시간에 만원 지하철을 타고 다니며 일어사전을 외웠다. 어느 날은 가방이 찢어져 있고, 지갑이 사라져 있었다. 사전 외우기에 몰입하느라 누가 지갑을 훔쳐 가는지도 몰랐다. 그렇게 미친 듯이 처음부터 다시 공부해서 일본인과의 대화에 문제가 없는 수준에 이르렀다. 한 일본인은 일본에서 유학했느냐고 묻기도 했다.

결혼해서 임신하고 잠시 쉬었을 때는, 출산 후에 다시 해외영업에 도전하기 위해 임신한 상태로 출산 직전까지 6개월 동안 영어 학원을 다니며 매일 네 시간씩 영어 수업을 받았다. 학원을 마치고 종로 뒷골목에서 혼자 싸구려 점심식사를 하고, 출산하기 이틀 전까지 산만한 배를 뒤뚱거리며 토익시험을 보러 다녔다. 사람들은 임신한 학원생을 신기한 듯 쳐다보곤 했다.

내가 몸담고 있던 회사는 중국 기업과도 거래하고 있었는데 중국 바이어는 일본계 기업이었지만 영어나 일어로 이메일을 보내면 꼭 중국어로 답장을 했다. 그렇게 3년 동안 영어, 일어, 중국어로 의사소통을 했다. 그러던 중에 사장님을 모시고 중국 출장을 갔다. 마침 식사 시간이 되었다. 중국어가 안 되니 음식 사진을 보고 음식을 주문해야겠다고 생각하고 일부러 큰 식당을 찾았다.

그런데 너무 고급식당이라서 그랬는지 메뉴에 음식 사진이 하나도 없었다. 글자도 전부 중국어였다. 쫓기듯 식당을 빠져나왔다. 사장님을 제대로 모시지 못했다는 생각에 창피하기도 했고, 중국에서 아무것도 할 수 없겠다는 생각이 들었다. 한국에 돌아온 뒤 새벽에 중국어 학원을 다니며 중국 기업들과의 의사소통도 개선했다.

해외영업에 대한 간절한 소망은 3개 외국어를 마스터한, 남과 차별화된 사람으로 만들어 주었고 전 세계로 활동무대를 넓혀주는 기적을 만들었다. 글로벌 조직을 갖춘 일본 기업 켄우드의 일본, 말레이시아, 싱가포르 3개국 담당자들과 싱가포르 켄우드 연구소에서 만나 미팅을 한 적이 있었다. 나는 그 미팅에서 영어, 일어, 한국어가 가능한 유일한 사람이었다.

인생은 속도가 아니라 방향이다. 삶의 방향이 확고하고 마음이 간절하다면 결국 원하는 것을 이루게 된다. 그러니 원하는 것이 이루어질 때까지 절대 포기하지 말자. 포기하려는 그 순간이 바로 꿈이 이루어지려는 순간이다. 간절히 바라는 꿈이 있다면, 그 꿈을 위해 달리고 있다면, 별처럼 빛나는 순간까지 절대 포기해서는 안 된다. 그 무엇도 간절한 소망을 가로막을 수 없다. 간절한 소망은 하늘에 닿아 하늘을 감동시키고 불가능한 것을 가능하게 만들어준다.

3

능동적인 삶을 향한
첫 걸음을 떼라

"내 힘으로 할 수 없는 일에 도전하지 않으면, 내 힘으로 갈 수 없는 곳에 이를 수 없다. 사실 나를 넘어서야 이곳을 떠나고, 나를 이겨내야 그곳에 이른다. 모든 것이 다 가까이에서 시작된다. 상처를 받을 것인지 말 것이지 내가 결정한다. 또, 상처를 키울 것인지 말 것인지도 내가 결정한다. 결국 모든 것이 나로부터 시작되는 것이다. 나를 다스려야 뜻을 이룬다. 모든 것은 내 자신에 달려 있다."

백범 김구 선생의 말이다.

그때는 옳았고 지금은 틀리다면 그건 진리가 아니다. 진리는 시간의 벽을 넘어 오늘날에도 진리로 인정받는다. 김구 선생의 말은 진리다.

미국시장을 개척하고자 처음으로 미국 로드쇼에 참석한 적이 있었다. 주로 미국 실리콘밸리에 소재한 규모가 큰 미국 기업을 직접 방문해서 우리 회사를 소개하고 홍보했다. 실리콘밸리의 한 EMS 전문기업을 방문해 회사를 소개할 때였다. 소개를 마치니 한 구매담당자가 질문을 던졌다. 질문이 매우 길었는데 요약하면 이렇다.

"매출도 작고 보잘것없는 한국의 작은 회사가 왜 우리 회사에 왔느냐?"

그의 질문에, "그래서 내가 여기 왔다"라고 한마디로 답변했다. 그는 더 이상 시비를 걸지 못했다. 미팅이 끝나고 돌아서려는데 그가 나에게 다가와 악수를 청했다. 그는 이제 어디로 갈 것이냐고 물었다. 다른 미국 기업을 만나기 위해 텍사스로 이동할 것이라고 하자 조심하라며 친절하게 말했다. 조금 전 날카롭게 질문을 던지던 모습은 온데간데없었다.

처음 방문한 미국에서 나는 체급이 다른 미국 기업을 직접 방문하여 상담했으나 위축될 필요가 없다고 생각했다. 비즈니스를 위해서 만날 뿐이다. 조건이 맞으면 거래를 시작하고 조건이 맞지 않으면 돌아서면 된다.

이제까지 수많은 바이어들을 만나면서 한 가지 확실히 깨달은 것은 절대 매달려서는 안 된다는 사실이다. '갑 같은 을'처럼, 그들에게 항상 당당하고 '당신이 나를 선택하는 것이 아니라, 내가 당신을 선택한다'라고 단호히 의사표현을 해야 한다. 그래야 그들이 협상 테이블에 앉는다. 하지만 대부분 '저 바이어를 놓치면 어떡하지?' 하는 두려움 때문에 질질 끌려간다. 내가 절박한 모습을 보일수록, 배고픈 모습을 보일수록 그들은 나를 궁지에 몰아넣는다.

권력술의 대가 로버트 그린은 저서 『50번째 법칙』에서, "두려워할수록 세상은 더 거칠고 냉혹해진다. 대담해질수록 세상은 내 편이 될 것이다"라고 말했다. 세상의 90퍼센트를 지배하는 법칙은 '약자에게 강하고, 강자에게 약하게 군다'는 말로 요약된다. 그린은 이 법칙을 역으로 이용하는 방법을 들려준다.

"당신은 어떻게 그렇게 당당하세요?"

누군가가 나에게 이렇게 물은 적이 있다. 잠시 내가 당당하지 못할 이유가 무엇인지 생각했다. 누군가에게 별로 신세진 것이 없으니 당당하지 않을 이유가 없었다. 누군가로부터 받기 전에 먼저 주었고, 누군가가 해주기 전에 먼저 했고, 누군가의 힘에 의지하지 않고 홀로섰으니 당당하지 않을 이유가 없다.

그러니 타인의 시선을 두려워하지 않고 당당히 서고 싶다면 처음부터 의지할 생각을 버려야 한다. 이 세상에서 가장 맛있는 밥은 스스로 땀 흘려 일해서 번 돈으로 사 먹는 밥이다. 누군가 밥을 사주길 기대하지 말고, 나대신 해주길 바라지 말고, 공짜를 바라지 마라. 공짜라고 덥석 물면 언젠가는 혹독한 대가를 치르게 될지 모른다.

이 세상에서 가장 불행한 자는 자기 자신을 사랑하지 못하는 사람이다. 자기 자신을 사랑하지 못하기 때문에 누군가에게 끊임없이 사랑을 구걸한다.

영국의 극작가 오스카 와일드는 "스스로를 사랑하는 것은, 평생의 로맨스의 시작과도 같다"고 말했다.

모든 것은 변한다. 나를 사랑한다고 고백하던 누군가의 마음도 변한다. 그래서 우리는 사랑받지 못할까 두렵고, 사랑하는 사람의 마음이 변할까 두렵다. 끊임없이 누군가의 사랑을 갈구하는 것은, 언제 마를지 모르는 샘물을 바라보며 절대 마르지 않기를 기도하는 것과 같다. 폭풍 속에서도 고요를 느끼고 싶다면 손을 내밀기 전에 먼저 자기 자신을 사랑해야 한다. 자신을 사랑하는 것이야말로 두려움을 극복하는 첫 걸음이다.

우리가 당당해지지 못하는 또 다른 이유는 끊임없이 누군가를 흉내 내려고 하기 때문이다. 외모나 행동, 심지어 삶의 방식까지 행복해 보이는 누군가를 따라 하려고 애쓴다. 그러나 누군가를 따라 하면 할수록 조바심이 더 커질 뿐이다. 내가 아닌 남이 되려고 할수록 채워지지 않는 간극 때문에 마음은 자꾸만 위축된다. 긴장감을 내려놓고 가슴을 활짝 펴고 싶다면 어설프게 남을 흉내 내지 말고 나 자신이 되어야 한다.

어떤 사람은 좋은 기회를 만나지 못해서 삶이 힘들다고 한다. 그런 사람은 좋은 기회가 다가왔을 때도 기다렸고, 기회가 떠나갔을 때도 기다렸을 것이다. 그렇게 한 걸음 앞까지 다가온 기회도 잡지 못한 채 평생 기회를 기다리며 한탄한다. 성공한 사람은 기회가 올 때까지 기다리지 않고 스스로 기회에 다가선다. 하늘은 스스로 돕는 자를 돕는다.

행복을 배달해줄 때까지 기다리지 마라

2008년 가을 나는 미국 라스베이거스 자동차부품 전문전시회인 'AAPEX Show'에 단독 참가를 결정했다. 코트라의 지원으로 참가한 2007년 댈러스 전시회와 달리 100퍼센트 내 힘으로 준비 과정을 진행했다. 미국 현지의 전시회 부스 설치 업체와 직접 계약을 맺고 전시회샘플도 직접 운송했다.

전시회 시작 전에 미국 라스베이거스에 도착해 준비 상태를 점검했다. 다행히 요청한 대로 부스가 잘 설치되어 있었고 샘플도 무사히 도착해 있었다. 점검을 마치고 부스를 나올 때였다. 전시회 주최측 스텝들이 오더니 위치가 잘못되었다며 부스를 옮겨야 한다고 말했다. 부스 업체가 지정된 위치가 아니라 다른 곳에 설치했단다. 곧 스텝들이 몰려오더니 부스를 통째로 옮겼다.

샘플을 다시 전시하는 건 문제가 아니었다. 부스를 옮기면 전기선도 같이 옮겨야 되는데 이미 퇴근 시간이 지나 남아 있는 전기공이 한 명도 없었다. 내일이 전시회 개막일이었다. 지원 데스크에 가서 사정을 설명하고 도움을 요청했으나 어쩔 수 없다며 내일 아침 전시회가 시작된 후에 해결하자고 대안을 제시했다. 그 상태로 부스를 떠날 수 없어 밤늦게까지 머물며 전시장 관리 스텝들을 찾아다녔다. 그들은 안타까워했지만 자신들은 전기공이 아니라며 도울 수 없다고 했다. 어쩔 수 없었다. 늦은 밤 허탈한 심정으로 전시장을 나서야 했다.

다음 날, 심란한 마음으로 아침 일찍 전시장에 도착했다. 그런데 우리 회사 부스에 조명이 환하게 켜져 있었다. 전날 밤에 부스를 떠나지 않고 문제를 해결하려고 애쓰는 나를 보고 스텝들이 전기공에게 연락해서 아침 일찍 전기선을 설치해 달라고 요청한 것이다.

아마 코트라의 지원을 받았더라면 큰 문제없이 일을 처리했을 것이다. 그러나 그러면 나는 아무것도 배우지 못한 채 누군가에게 의지하려는 마음만 더욱 키웠을지 모른다.

사람이 스스로의 의지로 선택하고 무엇인가를 하고자 할 때 변화가 시작된다. 두려움이니 통제할 수 없는 상황 때문에 실패를 경험할 수도 있다. 그러나 두려움을 넘어서서, 나를 넘어서서 도전한다면 세상은 더 큰 가르침으로 보답한다.

누군가 나에게 행복을 배달해줄 때까지 기다리지 마라. 행복을 선택해야 행복해진다. 누군가 나를 일으켜줄 때까지 기다리지 마라. 스스로 일어서기를 선택해야 일어설 수 있다. 누군가 나를 사랑해주기를 기다리지 마라. 스스로 사랑하기를 선택해야 당당해진다. 모든 것은 내가 선택하고 결정한다. 그게 내가 내 인생의 주인임을 외치는 방법이다.

4

새로운 꿈을
꾸겠다 말해요

무역 강의를 할 때 가끔 수강생에게 듣는 말이 있다.

"여자 분이 무역실무 강사로 들어오셔서 놀랐어요. 그리고 생각보다 젊어서 더 놀랐어요."

대부분의 바이어들이 이메일에서 나를 "Mr. Kim"이라고 부른다. 호텔에 바이어를 픽업하러 가면 나를 흘깃 쳐다보고는 시선을 돌린다. 바이어에게 다가가서 인사하며 오늘 픽업하러 온 사람이라고 하면 열에 아홉은 깜짝 놀란다.

나는 글로벌 시장을 개척하는 글로벌 세일즈맨이 꼭 남자여야 하는 이유를 아직 찾지 못했다. 오히려 여자의 뛰어난 감성과 공감능력은 커뮤니케이션을 중시하는 해외고객의 만족도를 높여 훌륭한 성과를 만드는 데 기여한다. 나 역시 '여자는 이런 일을 해야 한다'는 뿌리 깊은 편견 때문에 흔들리고 방황했다. 세상은 여자라서 더 잘할 수 있는 것보다 여자라서 잘할 수 없는 이유를 명세서처럼 뽑아서 보여준다.

내가 그 길을 걸어오며 한 가지 확실히 알게 된 게 있다. 어느 누구도 심지어 나 자신조차 내가 어디까지 갈 수 있는지 그 한계를 알 수 없다는 사실이다. 나의 한계를 미리 정하고 거기까지만 갈 수 있다고 마음에 금을 긋는 순간, 내 최종 행선지는 정해진다. 반면 내가 점을 찍지 않았을 때 단점을 강점으로 변화시킬 수 있는 힘이 생기고 생각이 유연해진다.

"어렵기 때문에 못하는 것이 아니다. 감히 시도하지 못하기 때문에 어려운 것이다."

로마시대의 철학자 세네카의 말이다.

한때 나는 글로벌 세일즈맨이 될 수 없다는 생각에 내 몸에 맞지 않는 영어강사라는 옷을 입었다. 나는 인생을 겉돌았고 꿈에서까지 방황했다. 긴긴 새벽을 지나 다시 글로벌 세일즈맨이 되기로 선택한 다음 뒤도 돌아보지 않고 달렸다. 지금은 글로벌 세일즈맨 시절의 다양한 실전경험을 살려 수출컨설턴트가 되었고, 글로벌 세일즈맨을 대상으로 강의하기도 한다. 어느 날 문득, 먼 길을 돌아 영어 강사에서 부역 강사로 다시 수강생 앞에 섰다는 사실을 깨닫고 삶은 참 흥미로운 드라마 같다는 생각이 들었다.

나는 할 수 없는 일보다 할 수 있는 일에 집중했다. 가지고 있지 않은 것보다 가지고 있는 것을 먼저 보았다. 내가 할 수 있는 것과 가지고 있는 것에 집중할 때, 불가능이 가능으로 변하게 되었고 나에게 없던 것을 갖게 되었다. 이루고 싶은 게 있다면 내 손에 들고 있는 것을 보아야 한다. 나에게 없는 것과 할 수 없는 것에 집중하면 세상만 탓하는 비루한 자가 된다.

"우리가 꿈을 꿔야만 하는 가장 큰 이유는 꿈이 스스로의 강점을 발휘하여 목표를 달성하기 위한 길을 만들도록 꾸준히 노력할 수 있게 도와주기 때문입니다. 사람들은 꿈을 꾸면서 자신을 단련시키고 이를 현실에 적용시킬 방안을 끊임없이 고민하며 결국 이를 현실로 만들어냅니다."

알프레드 아들러의 말이다. 꿈은 도저히 상상하지 못했던 일을 도전하게 만들고 절대 할 수 없다고 믿고 있던 일을 하게 만든다. 꿈은 이제까지의 내가 아닌 다른 나를 선택하게 만들고 시련 속에서도 일어서게 만드는 놀라운 힘이 있다. 그러니 다른 나를 원한다면, 지금보다 더 행복해지고 싶다면 우리는 세상을 떠나는 순간까지 계속 꿈을 꾸어야 한다. 꿈꾸는 것을 절대 멈추어서는 안 된다.

먼지떨이를 꺼내며

얼마 전에 여든의 아버지를 기차역에 모셔다 드렸다. 아버지에게 필요한 것을 물으니 기차역 서점에서 일어책을 사달라고 하셨다. 이전에도 중국어 책과 영어 책을 사서 보내 드린 적이 있었는데, 아버지는 이번에도 책이 필요하다고 하셨다.

일어 책을 사드리니 아버지는 책을 보시며 무척 좋아하셨다. 아버지가 나이가 드셔도 여전히 배움에 기뻐하시고 계속 공부하려는 모습이 무척 반가웠다. 분명 아버지는 평범한 분은 아니었다. 친정 집에 가면 아버지는 그동안 공부한 외국어 책을 가지고 와서 나에게 쓰고 연습한 것을 보여주기도 하고, 나에게 외국어로 말을 걸며 잘하는지 물어보기도 하셨다. 아버지는 해외여행을 가서 그동안 공부한 외국어로 외국인들과 직접 대화했다며, 신나게 그때의 상황을 들려주셨다.

어머니는 쓸데없는 말을 한다며 핀잔을 주기도 하지만, 나는 아버지가 무료한 노년의 하루를 보내지 않는 것이 기쁘다. 자신이 좋아하는 것을 하며 더 배우고자 도전하는 아버지가 정말 멋있다. 자신이 좋아하는 것을 할 때 아버지는 행복해 보였다.

언젠가 신문에서 본 기사가 생각난다. 90대의 나이에 외국어 공부를 시작하기로 마음먹은 어느 할아버지의 이야기다. 할아버지는 점점 나이가 들어 더 이상 무엇인가를 할 수 없다는 생각에 죽을 날만 기다렸다. 그저 고통 없이 죽는다면 그게 마지막 소원이리라. 하지만 생각을 바꿔 먹었다. 지금 아무것도 하지 않으면 몇 년 후에 또 인생 헛살았다고 후회할지 모른다. 그래서 할아버지는 외국어 공부를 시작하기로 작정했다. 꿈을 되찾자 할아버지의 인생은 달라졌다.

꿈이 없는 인생은 희망이 없는 인생이다. 삶을 살아낸다는 것은 매일 매일이 새로운 도전이다. 매순간을 열심히 살아야 할 꿈이 없다면 인생은 고통스러울 뿐이다. 그러니 고통에서 벗어나고 싶다면, 좌절 속에서 벗어나고 싶다면 꿈꾸는 것을 절대 멈추어서는 안 된다. 지난 시간 남편을 잃고 보내는 하루하루가 고통이었고 매일 달력을 보며 시간이 빨리 흘러 고통스러운 기억이 희미해지기만을 기다린 적이 있었다. 하지만 그렇게 고통을 잊으려고 발버둥 칠수록 나는 점점 고통에 빠져들었다. 대신 새로운 꿈을 생각하자 비로소 희망을 가질 수 있었다.

KBS 다큐멘터리 〈순례〉는 "고달프지만 누구도 피할 수 없는 길이 바로 인생이다. 우리 모두는 삶이라는 길을 걷는 순례자들이다"라는 메시지를 전달한다. 〈순례〉 3편 '집으로 가는 길'에서는 염도가 너무 높아 물고기조차 살 수 없는 세네갈의 죽음의 호수에서 소금을 건지며 하루하루를 살아가는 가장의 이야기를 담담하게 전한다. 그는 "나는 매일 메마른 땅 위와 핏빛 물속을 걷는다. 나는 살기 위해 걷는다. 선택의 여지가 없다. 우리는 모두 인간이라는 고된 직업을 갖고 있다"라고 했다.

그 고된 직업을 갖고 있는 그에게는 가족의 생계조차 어려운 현실 속에서, 사랑하는 아내와 딸에게 예쁜 옷을 사주고 맛있는 음식도 배불리 먹이고 싶고 떠나온 고향으로 돌아가고 싶은 간절한 꿈이 있다. 그는 고단한 삶의 순간을 버텨야 하지만 사랑하는 가족과 꿈이 있기 때문에 인생이라는 순례 길을 걷는다고 했다.

얼마 전이다. KIST 한국과학기술연구원의 산하기관인 한국기술벤처재단에서 글로벌 기술사업화 전문위원을 선발한다는 공고가 게재되었다. 자격요건을 보면서 '내가 할 수 있는 일일까?' 잠시 생각했다. 전자부품 기술영업 경력이 있고 자동차부품, 건축, 금형, 기계, 화학 등 다양한 기술기반 산업재에 대한 수출컨설팅 경험이 있다면 충분히 할 수 있겠다는 생각이 들었다.

그러나 번거롭다는 생각이 일상의 먼지처럼 내 가슴에 내려앉았다. 먼지떨이를 찾는다. 툴툴, 마음에 소복이 쌓이려는 먼지를 털어낸다. 그건 나답지 않은 일이다. 인생은 죽을 때까지 새로운 것에 도전하며 꿈을 꾸며 사는 것이다. 이번에도 한번 도전해보자. 마음을 고쳐먹고 지원했다.

얼마 후 글로벌 기술사업화 전문위원에 선정되었다는 연락이 왔다. 보수가 많지 않으니 국가경제발전에 기여하는 봉사로 여기고 활동해달라는 당부도 있었다.

인생은 계속 나를 끌어당기는 새로운 중력을 찾아 공전궤도를 갈아타는 일이다.

5

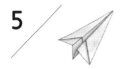

포기하려는 순간
꿈은 이루어진다

『작은 몸의 철학자 바오』에서 나카시마 바오는 "용기를 낸 사람에게 세상은 따뜻하고, 용기를 낸 사람의 세상은 넓어진다"라고 말했다.

우리가 진정 원하는 것을 이루고자 할 때 가장 중요한 것은 어떤 상황에서도 용기를 잃지 않는 일이다. 용기를 잃으면 모든 것을 잃는다. 내가 용기를 내 일어서려 할 때 세상은 손을 잡아준다. 그러니 세상이 나를 저버렸다고 원망하기 전에, 한 번 더 용기를 내야 한다.

외국에서 대학을 마치고 직장을 다니던 동생은 오랜 외국 생활을 청산하고 한국으로 돌아오고 싶어 했다. 그러나 한국에서 직장 구하기가 쉽지 않았다. 면접을 보려고 수차례 휴가를 내고 한국을 다녀

갔으나 번번이 탈락했다. 1년간의 취업활동 탓에 동생은 녹초가 되어 있었다.

"언니, 나 포기하려고."

메마른 흙덩이처럼, 동생의 목소리에는 물기가 없었다. 동생이 한국으로 돌아오려고 얼마나 많은 노력을 했는지 누구보다 잘 알고 있기 때문에 정말 가슴이 아팠다.

"그러지 말고, 마지막으로 한 번만 더 도전해 보면 어떨까?"

동생의 지친 마음을 잘 알고 있었지만 그대로 주저앉기를 바라지 않았다. 동생은 한 번만 더 해보겠다고 용기를 냈고, 마지막 도전에서 극적으로 취업에 성공했다. 포기하려는 순간이 꿈이 이루어지려는 순간이다.

"어떤 사람에게 위대한 능력이 있다 할지라도 그 사람이 사회적으로 고립되어 있다면 그 능력은 아무 소용이 없습니다. 이 문제는 거의 대부분 그 사람의 용기와 관련이 있습니다. 세상은 지금 당신을 필요로 하고 있습니다. 용기를 내 한 발짝 다가가 보시기 바랍니다. 이전과는 다른 세상이 당신을 기다리고 있을 것입니다."

아들러의 격려다.

공직에서 헌신하다 순직한 남편의 명예를 지키기 위해 보낸 지난 1년은 처절한 날들의 연속이었다. 남편의 장례식장에서 순직 신청에 협조하겠다고 약속한 조직과 동료들은, 그러나 차갑게 나를 외면

했다. 20년 동안 공직에 헌신하며 11번의 포상을 받을 만큼 성실하고 유능한 공무원이었던 남편의 명예를 지키기 위해 조국을 상대로 외로운 싸움을 해야 한다는 것은 참 슬픈 현실이었다. 나의 간곡한 요청에도 불구하고 남편의 순직을 인정하는 데 증빙이 될 만한 어떠한 자료도 제대로 받지 못했고, 철저히 나 혼자의 힘으로 입증 자료를 찾고 준비해야 했다.

현실의 차가운 장벽에 부딪쳐 한계를 느낄 때마다 나는 간절한 마음으로 '내 힘으로 도저히 할 수 없는 일이야. 당신의 명예를 지킬 수 있도록 도와줘, 여보!' 하고 남편을 찾았다. 그런 간절함 때문이었는지 한 소방공무원의 도움으로 남편의 순직 입증자료를 찾을 수 있었다. 그 소방공무원은 7년 전 자료는 보관기간이 지나 폐기대상인데 어떻게 그 자료가 창고에 남아 있었는지 모르겠다고 했다.

1차 심의에서 납득할 수 없는 이유로 남편의 순직이 부결되었다. 절망에 빠진 나에게 아들은 "엄마만 포기하지 않으면 돼요"라고 말했다. 그 말을 듣고 다시 용기를 냈다. 순직을 인정받을 때까지 멈추지 않겠다고 다짐했다. "그대는 지난 20년간 조국에 헌신한 명예로운 공무원이었으니 이제 조국이 그대의 명예를 지키겠노라고 대답해야 한다"는 나의 외침에 결국 조국은 내답하였다. 남편의 순직 인정 통보를 받던 날, 나는 통곡했다.

냉혹한 현실 속에서 어느 누구도 기대하기 힘들었던 순직 인정은 기적에 가까운 일이었다. 남편의 명예를 지키고자 하는 나의 간절한 소망과 국가에 헌신한 자랑스러운 아빠로 가슴속에 영원하기를 바라는 아들의 염원은 상실의 고통 속에서도 우리를 전진하게 했다. 신기하게도 그동안 어떻게 고통스러운 과정들을 겪어왔는지 잘 생각나지 않는다고 하자 한 지인은 "자신의 모든 것을 다 바쳐 포기하지 않고 끝까지 최선을 다했을 때 가치만 남고 과정은 사라진다"고 했다.

KBS 다큐멘터리 〈순례〉 1편의 '안녕, 나의 소녀시절이여'의 열여섯 살 소녀 왕모는 다른 승려들과 함께 '페드야트라' 수행 길을 떠난다. 히말라야 눈길을 걷다 나이가 많은 한 비구니 승려가 왕모에게 '페드야트라'의 뜻과 의미를 설명한다. '페드야트라'는 '발의 여정'이라는 뜻으로, 길을 걸으며 중생들을 위해 기도하고 수행하는 것이라고 한다. 그녀는 '페드야트라' 수행을 완주하려면 반드시 세 가지가 필요한데, 그것은 '인내와 인내, 그리고 또 인내'라고 말한다.

인생이라는 길에서도 중도에 포기하지 않는 인내가 필요하다. 도전에 실패할 때도, 절망할 때도, 비난으로 공격당할 때도, 한없이 자신감이 부너질 때도, 어느 누구에게도 지지받지 못할 때도, 항상 나 자신을 응원하고 인내하며 한 걸음 더 나아가야 한다. 한 번 더 도전해야 한다. 한 번 더 힘을 써야 한다. 포기하고 싶은 그 순간에, 조금만 더, 한 걸음 더, 다시 한 번 더 도전해야 한다. 절대 포기하지 않을 때 꿈은 이루어진다. 불가능이 현실이 된다. 스스로 꿈을 이룰 수 있게 된다. 여러분이 그 증거가 되기를 바란다.

6

나를 성장시킨
모든 것에 감사한다

기자인 나폴레온 힐이 철강왕 카네기를 취재하러 갔다.

"어떻게 부자가 되셨습니까?"

카네기가 되물었다.

"기자로서 알고 싶은가? 개인적으로 알고 싶은가?"

"개인적으로 알고 싶습니다."

카네기는 책상서랍에서 507명의 이름이 적힌 명단을 건네주었다.

성공한 사람들의 이름이 빼곡히 적혀 있었다.

"이들의 인생을 정리해주게. 그러면 내가 자네를 백만장자로 만들어주지."

카네기로부터 명단을 받은 나폴레온 힐은 명단에 적힌 사람을 찾아다니며 인터뷰하고 연구하며 자료를 정리해 나갔다. 연구를 계속하며 그는 성공한 사람에게는 반드시 성공할 수밖에 없는 이유들이 있음을 발견했다. 그 연구를 모아 체계적으로 정리하여 '성공에 이르는 13단계의 행동 법칙'을 완성했다.

연구가 끝나고 나폴레온 힐은 카네기를 다시 찾았다.

"당신이 부탁한 모든 연구는 이미 마쳤습니다. 그리고 당신이 약속했던 그 선물도 이미 받았습니다."

백만장자가 되는 비결을 받으려고 507명의 자료를 정리한 나폴레온 힐은 더 받을 게 없었다. 이미 받았기 때문이다. 어떻게 그는 받을 수 있었을까? '내가 이걸 왜 해야 하지? 그런다고 돈을 더 버는 것도 아닌데' 하는 마음이 없었기 때문이다.

백범 김구 선생이 말했다.

"돈에 맞춰 일을 하면 직업이 되고, 돈을 넘어 일을 하면 소명이 된다. 직업으로 일을 하면 월급을 받고, 소명으로 일을 하면 선물을 받는다."

소명이 아니어도 좋다. 돈만큼은 뛰어넘어야 한다. 무엇이든 대가에 맞춰 '적당히'가 아니고, 내가를 넘어 마음을 다해 임할 때 뜻밖의 선물이 주어진다.

철강왕 카네기는 "인생은 부메랑과 같다. 당신이 준 만큼 받는

다"라고 했다. 이 말의 진정한 의미를 이해한다면, 우리는 누구에게
도 인정받거나 보상받지 못하는 순간에도 감사하게 되고, 보상과 인
정을 받는 순간에도 감사하게 될 것이다. 부메랑은 시간이 걸리더라
도 반드시 원래의 자리로 되돌아오기 때문이다. 그러므로 지금 어떤
대가를 못 받는다 해도 실망하지 말고 감사하라. 언젠가는 반드시
준 만큼 받을 것이다.

대가에 집중하기보다 지금 내가 해야 할 일에 집중한다면 선물처
럼 기대 이상의 대가를 받게 된다는 것은 놀라울 만큼 정확한 진실
이다. 더 큰 대가와 보상만을 바라고 최선을 다하지 않는다면 기대
하는 대가는 받기 힘들 것이다. 그러니 무엇을 하든 마음을 다하고
정성을 다해야 한다. 적당히 대충한다면 그에 맞는 대가가 있을 뿐
이고, 최선을 다한다면 기대 이상의 대가를 얻을 것이다.

며칠 전 이틀 동안 진행된 총 15시간짜리 무역 강의를 무사히 끝
냈다. 준비하는 데에만 삼사 일이 걸리고 만든 자료만 150여 페이지
가 훌쩍 넘는 강의였다. 강의가 끝나자 한 수강생이 물었다.

"동영상 강의가 있으세요? 친구에게 꼭 들어보라고 추천하고 싶
어서요."

그것 또한 내가 예상하지 못했던 선물 같은 반응이었다.

한 수강생은 강의 중 소개한 김구 선생의 소명에 대한 명언에 깊
은 감명을 받았는지『백범일지』를 다시 읽어보고 싶다고 했다. 그것

또한 감사한 일이다.

남편이 떠나고 집안 살림이 하나둘씩 고장 나기 시작했다. 어느 날은 전등이 나가고, 어느 날은 TV가 속을 썩이고, 또 어떤 날은 샤워기가 망가졌다. 그렇게 살림살이가 하나씩 고장 날 때마다 남편에게 감사한 마음이 든다. 남편이 해주고 떠난 것이 정말 많다는 것을 알게 되어 감사하고, 그 사랑이 무척 고마워서 감사하고, 그렇게 하나씩 살림이 망가져 불편함에도 불구하고 여전히 우리가 살 수 있는 따뜻한 집이 있어 감사했다.

나는 그 무엇보다 빛나는 삶을 살게 해준 가족에게 감사한다. 딸에게도 공평한 배움의 기회를 주고 해외출장으로 빈번히 자리를 비우는 나를 대신해 아이를 맡아주신 부모님께 감사하고, 나보다 더 내가 가는 길을 자랑스러워했고 포상을 받는 영광의 순간들을 함께 해준 남편에게 감사하고, 매순간 흔들리는 철없는 엄마를 지키며 끝까지 집필하도록 응원해준 아들에게 감사하다. 그리고 마지막으로, 끊임없이 나를 끌어내리며 포기하라고 외치는 세상에 굴복하지 않고 꿋꿋이 살아온 내 자신에게 고맙다. 가슴이 산산이 부서지는 슬픔의 시간에도, 이렇게 감사한 것들이 많아 또 감사하다.

"나는 신발이 없음을 한탄했는데, 거리에서 발이 없는 사람을 만났다"라고 카네기는 말했다. 자신이 가지지 못한 것을 한탄하고 슬퍼하기보다 자신이 현재 가지고 있는 것을 감사할 줄 알 때 우리에게 기적이 일어난다. 오랜만에 만나는 사람들은 나에게 얼굴이 편안해 보인다고 한다. 내 생 중에 가장 고통스러운 시간을 지내온 내가 어떻게 평온해 보일 수 있을까? 그것은 현실을 인정하고 받아들이고, 내가 갖지 못한 것을 원망하기보다 가지고 있는 것에 진정으로 감사하는 마음을 가지게 되었기 때문이 아닐까.

인간의 욕망은 끝이 없다. 구멍 뚫린 항아리 같은 욕망을 채우려 하기보다 작은 것에도 감사할 줄 아는 삶을 살아야 한다. 내가 가지지 못한 것에 대한 불만과 결핍 마인드는 나 자신도 주변 사람들도 괴롭게 만들 뿐이다. 불행해지는 것은 간단하다. 남과 비교해서 나에게 없는 것을 찾으면 된다. 행복해지는 것도 간단하다. 내가 가지고 있는 것에 감사하면 된다.

오늘 아침 글을 쓰러 카페로 가는 길에 흔들리는 나뭇가지 사이로 불어오는 바람을 보며 감탄하지 않을 수 없었다. 나무는 기꺼이 자신의 가지를 흔들어 바람이 지나가도록 허락해 주었다. 나무는 바람에게 왜 나를 괴롭히느냐고 하지 않고 기꺼이 자신을 허락해 줌으로써 유연하게 생명을 이어갈 수 있었다는 생각이 들었다. 나무와 바람이 그렇게 유연하게 어우러지는 것을 보며 나는 눈물이 날 것 같은 감동을 느꼈다.

나무가 바람에 흔들리는 모습을 한참 바라보다 자연을 닮은 인생이야말로 가장 행복한 삶이라는 생각이 들었다. 서로가 서로의 존재를 인정하고 허용할 때 가장 조화로운 모습이 되고 저절로 상대가 존재함에 감사한 마음이 든다. 씨를 뿌리는 바람이 없으면 나무가 존재할 수 없듯이, 나무가 없으면 바람은 나뭇가지를 흔들어 소리를 낼 수 없다. 힘든 일이든, 나를 힘들게 하는 존재든, 이미 내 곁을 떠난 어떤 존재든, 모든 것은 반드시 존재의 의미가 있다. 나를 한 뼘 더 성장시키는 것은 그러한 모든 것에 대한 진정한 감사의 마음이다.

6부

작가,
새로운 명함을
가지고

타인의 고통을 공감하는 따뜻한 사람, 그래서 누군가 고통받지 않도록 최선을
다하는 사람, 나보다 어려운 사람에게 친절한 사람, 그런 사람다운 사람, 좋은 사람
이 되고 싶다.

1 /

최선을 다한 삶은
누구도 평가할 수 없다

1년여의 집필 끝에 완성한 초고를 100여 개의 출판사에 보낸 끝에 출간 계약을 맺었다.

거절을 거절하고 될 때까지 해보는 삶의 방식은 이미 체질이 되어 있었다. 수많은 이유로 출간을 거절당하기도 했으나 결국 출판계약을 해냈다.

출간 전에는 책 홍보와 판매를 위한 크라우드 펀딩을 했다.

책도 없고 후기도 없는 상태로 크라우드 펀딩에 필요한 홍보자료를 만들어야 하는데, 아무 재료가 없어 여권, 비행기 표, 바이어 명함을 가지고 홍보 동영상과 펀딩 자료를 만들었다.

너덜거리는 여권을 보더니 누군가 댓글을 달았다. "가장 감동적인 여권입니다. 애국자시네요"

참 마음에 드는 말이었다. 사진 한 장으로 모든 것을 설명할 수는 없으나 최선을 다해온 삶의 감동은 전달할 수 있었다.

출간 직전에 마지막으로 편집 원고를 최종 확인했다. 인쇄한 후에는 수정할 수 없으므로 막대한 책임감에 두려웠고 용기가 필요했다.

책 쓰기 코칭을 받으며 책에 정치인과 연예인을 언급하지 말라는 조언을 들었다. 인쇄소에 원고를 넘기기 직전 최종 확인 작업을 하며 『문재인의 운명』을 이야기하는 부분을 두고 많은 고민을 했다. 삭제해야 하나 그대로 두어야 하나 새벽까지 고민한 것이다. 아무래도 해당되는 문장을 빼면 글이 설득력이 없어 보여 도저히 삭제할 수 없었다.

밤새 고민하다 아침에 아들에게 물었다. "엄마, 그를 지지한다가 아니라 그의 처지가 나와 같다는 것이잖아요."

'그래! 두려움 탓에 처음 글을 썼던 의도가 헷갈렸구나.'

지난 25년간의 삶을 정리한 나의 이야기를 출간한다. 작가가 된다는 것은 자신의 글을 책임지는 것이다. 이 길을 가는 데에도 또한 용기가 필요했다.

작가라는 명함을 달고 처음 세상에 나오며, 여성으로서 사회인으로서 성장하는 나의 치열한 스토리에 누군가는 부정적 평가나 비난을 할지도 모른다는 두려움도 있었으나 나는 용기 내 작가라는 명함을 만들기로 했다.

결국 크라우드 펀딩 성공 후에 책을 출간한 나는 18번째 명함, 작가 명함을 가지게 되었다.

수많은 사람들에게 내 책이 전해지고 읽혔으며 다양한 반응이 있었다. 놀라운 것은 전혀 예상치 못한 독자층과 그들의 반응이었다.

여성으로서의 성장 스토리이므로 젊은 여성 독자가 많을 것으로 예상했으나 남성 독자들이 책을 읽고 큰 호응을 보이는 반전이 있었다.

"예비군 훈련 가서 두 번 읽고 여자 친구와 결혼하기로 결심했어요. 결혼이 두려웠는데 이제 결혼할 용기가 생겼어요." 가장 처음 남성 독자로부터 받은 피드백이었다.

한 언론사 대표는 "나 아직 젊지? 가슴이 뛰어"라고 반응하며 작가를 꼭 만나고 싶다고 해서 직접 만나 즉석 인터뷰까지 했고 인터뷰가 기사로 나가기도 했다.

퇴직을 앞둔 한 공직자는 지인이 선물한 책을 읽고 무척 감동했다며 마지막 퇴직 선물로 내 책을 직원들에게 선물했다고 한다. 그분의 간곡한 바람이 있어 퇴직 전에 그분을 만나 잠시 이야기를 나누었다.

"사실 공직을 떠나 세상 밖으로 나간다는 것이 많이 두려워요. 작가님처럼 세상에 나가 잘할 수 있을까요?" 그의 말에, "그럼요, 용기만 있다면 잘할 수 있습니다"라고 용기를 내시라고 말해주었다.

18번째 명함은 용기에 대한 응원

어느 날, SNS에 올린 찢어진 명함지갑 사진을 보고 많은 남성분이 내 책에 관심을 가지기 시작했다. 한 남성 독자는 "책을 두 번 읽고 펑펑 울었다. 최선을 다했다고 생각했는데 최선을 다한 것인지 다시 생각하게 됐다"라고 독서 평을 올리기도 했다.

"좋은 책은 유통기한이 없어요. 엄마!"

아들의 말처럼, 누군가는 끊임없이 내 책을 읽고 가슴이 살아나고 감동의 크기만큼 나를 기억한다.

수많은 독자의 서평을 듣고 보며 여성, 남성을 떠나 우리가 인간으로서 느끼는 고뇌와 고통은 모두 비슷하다는 생각을 했다.

성장을 바라면서도 실패를 두려워하고, 최선을 다하고자 하지만 어디까지 최선을 다해야 하는지 혼란스러워하고, 용기를 내 도전하고 일어서야 한다고 생각하지만 또 다시 무기력해지며 작아지는 인간으로서의 고통과 번뇌가 깊은 공감을 이끌어 내는 듯했다.

책을 읽고 큰 위로를 받고 용기를 얻었다는 독자들의 피드백은

18번째로 작가라는 명함을 만든 나의 용기에 대한 응원 같다는 생각이 든다.

지난 삶을 돌아보면 정말 말도 안 되는 상황에서도 최선을 다했다. 그것은 나 자신을 사랑하기 위해서였고 살아 있다는 축복에 대한 예의였다.

도저히 말도 안 되는 상황에서도 용기를 내 최선을 다한 사람의 삶은 어느 누구도 평가할 수 없으며 존중받아야 한다.

2 / 나는 바라는 것이 없다

책을 출간하기 전, 여름 방학 중인 아들을 혼자 둘 수 없어서 아들을 데리고 지방 출장을 간 적이 있었다. 무척 더운 날이어서 땀을 뻘뻘 흘리며 여러 곳을 다니고 있는데 시청에서 전화가 왔다.

몇 번이나 전화를 했는데 이제야 전화통화가 되었다며 행정처리가 늦어서 벌금을 부과하겠다며 벌금고지서를 발부하기 전에 미리 연락하는 것이라고 했다.

운전 중에, 미팅 중에, 여러 번 전화가 와서 못 받은 것뿐인데 어이없게도 벌금을 부과하겠다는 전화였다.

화가 나서 "한 부모 가장으로 먹고살려고 지방까지 다니면서 땀 흘리며 뛰어다니고 있는데 내가 시청에 도와달라고 할 때는 외면하고 벌금을 때릴 때는 이렇게 친절하냐?"고 강하게 항의하자 법대로 했을 뿐이라고 했다. 옆에 있던 아들이 할머니한테 받은 용돈 10만 원을 벌금으로 내라고 줬다. 가슴이 아팠다.

그래서 시장을 찾아가 봐야겠다고 생각했다.

시장을 찾아가기로 작정한 날 아침, 한참을 망설이다 집을 나섰다.

시청 주차장에 도착하고도 차 안에서 한참을 망설이다 용기 내 시장실로 향했다.

시장실에 가서 시장을 만나러 왔다고 하자 회의 중이라며 무슨 일로 왔는지 물었다. 시장을 직접 만나서 얘기하겠다고 하자 관련 팀장들이 와서 무슨 일이냐며 원하는 것이 무엇이냐고 물었다.

아무것도 원하는 것이 없으며 시장을 만나 자세한 이야기를 하겠다고 하자 시장은 아무 때나 오면 만날 수 있는 분이 아니라며 약속을 잡고 오라고 했다.

'시민이 시장을 만나는데 그렇게 복잡한 과정을 거쳐 만나야 하느냐, 화장실 갈 때라도 만나고 싶다'고 하자 화장실도 못 간다고 해서 그럼 하루 종일 기다리겠다고 했다.

그러지 오후 5시 반에 다시 오라고 했다. 다시 오기로 하고, 얼마 전에 여러 사람들과 함께 쓴 책 한 권을 시장에게 꼭 전해달라고 했다.

오후에 시장을 만나서 물었다.

"시장님은 왜 시장이 되려고 하셨나요? 시민으로서, 시장님을 뽑은 유권자로서 묻고 싶습니다"라고 하자 시장님은 당황스러워 하며 하고 싶은 말을 하라고 했다.

"저는 한 부모 가정의 가장으로 작년에 남편을 갑자기 잃고 시청에 가서 한 부모 가정이 어떤 지원을 받을 수 있는지 울며 물었으나, 집이 있고 차가 있으면 아무런 지원을 받을 수 없다며 동사무소로 가보라고 했습니다. 다시 동사무소로 가서 한 부모 가정이 어떤 지원을 받을 수 있는지 묻자 집이 있고 차가 있으면 아무런 지원이 없다고 똑같은 답변을 했습니다. 그러면 어떻게 해야 하느냐고 묻자 알아서 개인적으로 보험을 들든지 해야 한다고 했습니다. 울면서 돌아 왔습니다.

얼마 전에 지방에서 가장이 죽은 한 부모 가정의 모녀가 생활고로 죽음을 선택하여 큰 이슈가 됐습니다.

그 후에 엘리베이터에 가장의 죽음, 가장의 실종으로 인한 위기 가정을 신고해 달라는 공고가 붙었습니다. 남편이 떠난 후에 아들을 돌봐줄 사람이 없어서 일 년 동안 출장을 가지 못했는데 그 공고를 보고 시청에서 도움을 받을 수 있을까 하여 연락했습니다.

출장을 가야 되는데 한 부모 가정이라 아빠가 없어 아들 등교를 챙겨줄 사람이 없으니 3일 동안 30분 정도만 아들 아침 등교 준비를 도와줄 수 있는지 물었습니다.

시청 담당자는 자원봉사자를 알아봐야 하는데 바쁜 아침 출근 시간에 누가 도와주겠느냐고 말했습니다. 비참하고 마음이 아팠습니다. 출장 중에 아들은 지하철과 버스를 갈아타고 멀리 사는 이모 집에서 학교를 다녔습니다.

얼마 전에는 생계를 위해 집을 담보로 대출받아 몇 년 전에 분양받은 작은 원룸 오피스텔 등기를 했습니다. 법무사 비용을 아끼려고 셀프 등기를 했는데 처음 해보는 셀프 등기는 너무 생소했고 일을 하는 도중 이리저리 다니며 서류준비를 하는 데 많은 시간이 걸렸습니다. 등기소 마감 시간 전에 등기신청을 하러 뛰어 가다가 통장과 인감도장을 잃어버리기도 했습니다. 그렇게 최선을 다했음에도 3일이 늦어졌습니다.

절망 속에서 도와달라고 했을 때는 어떤 위로와 지원도 받지 못하고 외면당했는데 이제 와서 행정처리가 늦어서 벌금을 부과하겠다고 친절하게 연락해주고 법대로 했는데 뭐가 문제냐고 합니다.

한 부모 가정의 모녀가 죽음을 선택하는 것을 보고 가슴 아팠습니다. 얼마나 힘들었으면 그랬을까 하고 이해가 됐습니다. 도대체 얼마나 더 많은 한 부모 가정이 고통 속에 죽어나가야 법과 제도가 바뀝니까? 그들의 고통을 외면하지 말라고 시의회가 있고 시청이 있고 시 예산이 있습니다.

오늘 나를 위해 뭔가 해달라고 요구하려고 온 것이 아닙니다. 한 부모 가정을 대표해서 왔습니다.

벌금도 낼 것이고 아무것도 바라는 것이 없습니다. 나는 두발로 뛰어 먹고살고, 아들을 지키고, 세금도 내고, 나보다 힘든 사람들과 나누며 살 것입니다. 한 부모 가정에게 현실적으로 도움이 되는 법과 제도를 만들어 주시길 바랍니다.

한 부모 가정에게 무엇이 힘드냐고 묻는 사람들이 있습니다. 경제적 고통, 정신적 고통, 따뜻한 보살핌을 받지 못하는 고통이 있습니다. 한 부모 가정의 아픔을 잘 모르는 것 같아서 그 고통을 적은 책을 오늘 가져왔고 한 달 후에 고통을 더 자세히 적은 책을 가지고 다시 찾아오겠습니다"라고 시장에게 말하고 시청을 나왔다.

친정엄마에게 시장을 찾아가서 이런 말을 했다고 하자 엄마는 "잘했다. 따질 게 있으면 따져야지. 우리 딸 똑똑하다"라고 하셨다. 큰 언니는 "시장을 찾아가라고 했지만 네가 진짜 시장을 만나러 갈 줄은 몰랐다"라고 했다.

시장을 만나러 간 그 날, 시청 앞 벤치에서 한참을 울며 '일 년 전에도 시청 앞 벤치에서 하염없이 울었는데 일 년 후에도 나는 같은 곳에서 이렇게 울고 있구나. 나는 이렇게라도 해내고 있지만 누군가는 더 이상 해내지 못할까 봐 가슴 아프다. 끝나지 않는 고통과 아픔이구나' 하고 생각했다.

한 달 후, 시장에게 말한 대로 책을 들고 다시 시장을 찾아 갔다.

시장에게 책을 전한 후에 시의회 의장을 무작정 찾아갔다. 비서실에서 약속을 잡고 오라고 해서 작가로서 찾아왔고 책을 전달하고 싶다고 했다. 시 의장에게도 시청에 찾아온 이유를 설명하고 한 부모 가정을 위한 실질적인 지원제도를 만들어 달라고 당부하고 책을 전달했다.

나는 알 수 없다. 그들이 얼마나 이해하고 공감하는지. 그러나 최소한 타인의 고통에 폭력적으로 대하지 않기를 소망한다.

이 세상에 절대로 나에게 일어나지 않을 것이라고 장담할 수 있는 일은 없다. 어느 날 내가 그의 입장이 되고 그가 내 입장이 될 수 있으니 타인의 모습 속에 내 모습이 있다는 것을 잊지 말아야 한다.

3

거절당할 용기로
거절을 거절하다

책을 출간한 후에 책을 소개하는 한 라디오 방송 프로그램에 작가로서 출연한 적이 있다.

방송에서 글로벌 세일즈맨으로서 오라는 곳은 없어도 가는 용기와 오지 말라고 해도 다시 가는 용기, 그런 거절당할 용기에 대한 이야기를 나누었다.

라디오 방송에서 함께 이야기를 나누던 피디는 그런 용기가 매우 인상적이었는지 '거절당할 용기'에 대한 책도 써달라고 요청했다.

마지막으로 거절과 실패에 대한 두려움과 맞서야 하는 청년들에게 "자신을 진정 사랑한다면 실패할 기회도 주기 바란다"라는 메시지를 전하며 방송을 마쳤다.

살아가며 나 역시 여전히 거절당할 용기가 필요했다.

책을 출간하고 거절당할 용기로 대통령에게 책을 보내기로 했다. '대통령에게 책을 보내야겠다'고 잠시 생각하다 바로 책을 들고 우체국으로 향했다. 우체국에서 책에 저자 싸인을 하고 청와대 주소를 찾아 책을 부쳤다. 주변 사람들은 놀라며 대통령에게 어떻게 책을 보냈느냐고 물었다.

청와대 주소를 인터넷에서 찾아서 우체국 등기로 보내면 대통령에게 도착했는지 통지도 해주고 우체국 시스템이 참 편리하다고 말했다. 단지 마음먹은 대로 실천하기만 하면 된다고 했다.

내 나라에서 내가 아는 가장 높은 분에게 그동안 사회인으로 성장하기까지 여자로서, 경력단절 여성으로서, 워킹 맘으로서, 직장인으로서, 한 부모 가장으로서, 그리고 인간으로서 겪어야 했던 스토리를 전하고 싶었다.

그런 이야기를 대통령이 이해하고 공감한다면 더 좋은 정책이 만들어지지 않을까 하는 소망에서였다.

그러나 과연 내 책이 대통령에게 직접 전달되었는지는 확인하기 어려웠다. 비서이든 그 누구이든 책을 그냥 가지고 있다면 대통령에게 직접 전달되지 않았을 수도 있다는 생각이 들었다.

그래서 수신자를 대통령으로 하여 발송한 우체국 등기 영수증 사진을 SNS에 올렸다.

아직 대통령에게 전달되지 않았고 누군가 보관 중이라면 SNS를 보고 대통령에게 꼭 전달해달라는 마음이었다. 그것이 내가 할 수 있는 최선이었다.

그 후 한동안 그 일을 잊고 있었는데, 어느 날 아들이 다급하게 전화를 했다.

"엄마, 대통령 비서실에서 등기가 왔다고 문에 우체국 안내장이 붙어 있는데 무슨 일 있어요?"

다음날 아침 일찍 우체국에서 대통령 비서실에서 온 등기를 찾았다. 등기에는 대통령의 사진과 함께 이런 편지가 들어 있었다.

"김은주 대표님께, 보내주신 책은 대통령님께 잘 올려드렸습니다. 꿈을 향해 도전해온 대표님의 열정과 노력이 고스란히 담겨 있는 훌륭한 책입니다. 특히 우리 청년들에게 좋은 영감을 줄 것 같습니다. 좋은 책 보내주셔서 감사드리고, 앞으로도 멋진 활동을 기대합니다."

사실 나는 대통령에게 책을 보내는 것 자체가 성공이라고 생각했으며, 직접 대통령에게 전달됐는지 여부는 크게 중요하지 않았다.

대통령에게 책을 보내는 데에는 거절당할 용기가 필요했고 용기 내 실천했다면 그 자체가 의미 있는 도전이라고 생각했다. 책이 내 손을 떠난 이후에 누구의 손에 머무르든 그것은 내가 통제할 수 있는 일이 아니기 때문이다.

전혀 기대하지 않았는데 이런 편지를 받으니 정말 기뻤다.

만약 내가 대통령을 잘 안다는 사람의 지인의 지인을 통해 몇 사람을 거쳐 책을 전달했다면 과연 책이 제대로 전달되었을까 하는 생각이 들었다. 오히려 도중에 누군가의 손에서 멈추었을지도 모른다.

나는 힘 있는 누구와 친하다는 사람들의 그 힘을 믿지 않는다. 누군가에게 의지해서 쉽게 가보려고 하는 사람들의 실패를 수없이 지켜보았기 때문이다.

큰 목표일수록 누군가의 덕을 보려는 마음을 버리고 직접 도전하는 쪽이 더 빠르고 기대 이상의 성과를 이끌어 낸다. 학연과 지연에 의지하지 않고 잡초처럼 성장해온 내가 작가로서의 첫 도전에서 기대 이상의 결과를 이루어낸 것도 '누군가의 힘'이 아니라 '스스로의 힘'을 믿었기 때문이다.

물론 모든 도전이 반드시 성공하는 것은 아니다.

어떤 언론인에게 보낸 책은 반송돼 돌아오기도 했다. 한참 뒤에 반송된 봉투 안에 무엇인가 있어 확인하니 선물은 받지 않는다는 정중한 거절 편지였다. 반송된 책을 우편봉투에 그대로 넣은 상태로 보관하며 언젠가는 그를 직접 만나 꼭 전달하리라 다짐했다.

그리고 놀랍게도 1년이 지난 후에 그 언론인을 만날 기회가 있어 책을 직접 전달할 수 있었다. 그 언론사에서 운영하는 포럼의 사무총장이 돼 그를 직접 만났고, 1년 전에 반송된 우편봉투에 담긴 상태로 그에게 책을 전달했다.

그를 만나 이런 말을 주고받았다.

"17개 명함의 CEO, EMC 글로벌 대표 김은주입니다."

"명함이 17개라고요?" 그가 놀라며 물었다.

"네"

"1년 전에 제 첫 저서를 보냈는데 반송한 이유를 알고 싶습니다."

"아마 김영란 법 때문일 겁니다." 그가 당황하며 말했다.

"오늘은 J포럼의 사무총장으로서 대놓고 선물을 드리고 싶은데 받아주시겠습니까?"

"네." 그가 웃으며 책을 받아주었다.

"봉투 안에 선물은 받지 않는다는 메모가 있는데 이 메모를 쓴 직원을 칭찬해주세요."

반송된 책을 1년 만에 결국 전달하는 데 성공함으로써 거절을 거절한 또 하나의 스토리를 만들었다.

"과연 그가 책을 읽을까?"라고 말하는 사람도 있었으나 그가 책을 읽을지 말지는 중요하지 않다. 그것은 그의 선택이며 거절을 거절하며 포기하지 않고 결국 그에게 전달했다는 것 자체가 성공이라고 생각한다.

해외시장을 개척하는 글로벌세일즈맨으로서 수많은 해외 바이어의 거절을 거절해야 했다.

이제 그런 삶은 철학이 되었고 매순간 실천하려 노력한다.

내가 어디까지 갈 수 있는지 알 수 없다.

그러나 분명한 것은 나만 포기하지 않는다면 상상 그 이상의 길에 도달할 수 있다는 것이다.

4

누구를 위해 살 것인가

남편의 유산을 상속하는 상속권자로서 나는 남편이 대출한 돈을 갚아야 하는 책임을 지게 되었다.

대출금 이자 납부 독촉장을 받고 은행에 이자를 납부하러 방문했으나 그들은 이자 수납을 거부하고 대출금 전액을 즉시 갚으라고 요구했다.

대출금 상환기일까지 아직 기간이 많이 남아 있으니 먼저 이자를 납부하고 상환기일에 상환하면 안 되겠느냐고 사정했으나 냉정하게 안 된다고 했다. 나는 그래도 수십 년간 거래한 고객인데 사람이 돈으로밖에 안 보이느냐고 울며 말했다.

결국 그들의 고의적인 이자 수납거부 탓에 이자가 미납돼 대출계약이 해지되는 '기한이익상실'이 적용되었고, 그 이유로 대출금 전액 즉시 상환, 사채이자에 준하는 최고 이자를 납부하라는 고소장을 받았다.

어느 날 밤늦게 사무실에서 일하고 있는데 고등학생 아들이 떨리는 목소리로 전화했다.

"엄마, 법원에서 저한테 엄청난 돈을 갚으라고 왔는데 뭐예요?" 하고 놀라서 물었다.

놀란 아들을 달래려 허겁지겁 집으로 오니 아들이 심한 충격에 빠져 정신을 잃고 있었다.

미성년자인 아들이 법원 고소장에 나와 함께 공동 피고인으로 기재돼 있어 밤늦게 집에 혼자 있는 아들에게 고소장을 직접 전달한 것이다. 법적으로 보호받아야 하는 미성년자 아들에게 그들이 보인 태도는 너무나도 무자비하고 폭력적이었다.

소송사건을 검토한 판사는 재판할 사안이 아니라고 판단하고 합의하라는 합의 결정문을 보내왔고 지정 일에 합의하러 출석했으나 그들은 출석하지 않고 법정에서 싸우겠다고 했다.

그들의 합의 거부로 일 년 넘게 법원에 출석하고 소송해야 하는 고통을 겪었다.

변호사인 지인에게 물으니 채무자의 권리 보호를 위해 대출 계약기간이 정해져 있는 것인데 근거 없이 계약기간 중에 채무상환을 요구하는 것은 부당하다고 했다.

계약 당사자가 아닌 나는 어떤 자료도 가지고 있는 것이 없었기 때문에 그들이 보낸 고소장과 남편이 싸인 한 계약서를 수십 번 읽고 또 읽었다. 아무리 보아도 대출 계약서에 '채무자 사망 시 즉시 상환'이라는 문구가 없었다.

첫 재판에서 판사에게 계약서에 '채무자 사망 시 즉시 상환'이라는 문구가 없다고 하자 판사가 놀라며 다시 계약서를 확인하기 시작했다.

그런 반박 후에 절대적으로 불리하던 재판 상황이 반전되기 시작했고, 판사는 그들에게 채무자가 사망 시 즉시 상환해야 한다는 근거 조항을 제시하라고 했다.

'채무자 사망 시 즉시 상환' 근거가 있는지 여부를 가지고 1년 이상 재판에서 싸웠다.

법적 지식도 없고 재판 경험도 없는 내가 그런 반전을 만들어낼 수 있었던 요인은 20년 넘게 글로벌 비즈니스를 하면서 수많은 해외 바이어들과의 거래 계약서를 작성, 검토, 협의하며 우리의 권리와 의무, 책임을 수없이 확인하고 또 확인했던 경험 덕분에 계약서를 확인하는 관점이 달랐던 데 있는 것 같다.

재판 중에 시도 때도 없이 날아오는 법원 등기 탓에 괴로웠고 아파트 문에 붙어 있는 우체국 등기 안내문을 볼 때마다 고통스러웠다. 집에 돌아올 때면 오늘도 법원에서 뭔가 온 것이 아닐까 해서 집이 가까워질수록 초조해졌다.

어떤 날은 법원 등기를 받고 몇 시간 동안 봉투를 뜯어보지 못했고, 소송이 길어질수록 지치고 두려워 법원 등기를 며칠 동안 열어보지 못할 때도 있었다.

만약 그들이 나를 두렵고 고통스럽게 하려 한 것이라면 성공했다고 할 수 있다.

그러나 그런 두려움과 고통 속에서도 용기를 내 두려움을 피하지 않고 부당함에 맞서 싸우는 인간의 위대함을 과소평가했다.

'소송에 져도 대출을 갚고 이겨도 갚는다. 그렇지만 이기고 갚겠다. 단지, 당신들의 일방적인 방식이 아니라 법이 정한 방식으로 갚겠다'고 다짐하며 그들의 부당함에 맞섰다.

나를 대변할 변호사도 없이 혼자 싸우며 스스로 변호해야 하는 나는 법원에 출석하기 전 날이면 잠을 제대로 잘 수 없었다. 그래도 일 년 넘게 십여 차례 법원에 출석하는 상황에서도 단 한 번도 빠지지 않고 자리를 지켰다.

재판 시작 한두 시간 전에 법원에 도착해 그들이 근거자료, 반박 자료라고 제시한 수십 장의 자료를 주차장의 차 안에서 보고 또 보며 변론을 준비했고, 재판에서 나 자신을 스스로 변호했다. 새판에서 나는 "부당합니다. 인정할 수 없습니다"를 수없이 외쳤다.

재판 시작 전에는 속이 타서 찬 물을 수없이 마시고, 재판이 끝난 후에는 돌아와 차 안에서 한없이 울다 다시 책상에 앉아 일을 하거나 무역서 원고를 쓰기도 했다.

내가 고통과 두려움 속에서도 더욱더 큰 용기를 내 재판에 최선을 다한 이유는 재판에 패소하는 선례를 남김으로써 나와 같은 상황에 처한 누군가가 더 큰 고통을 겪지 않도록 하고 싶은 마음 때문이었다.

판결 전 마지막 재판에서 판사가 하고 싶은 말이 있으면 최종 변론서를 작성해서 제출하라고 했다.

"이제까지 부당하게 고통을 당했을 누군가를 위해, 앞으로 또 부당함을 당할 누군가를 위해, 더 이상 원고에 의해 법이 왜곡돼 부당하게 진화하지 않기를 바라는 간절한 마음으로 최종 변론서를 제출합니다"라고 작성해서 보냈다.

얼마 후 "원고의 주장을 모두 기각한다"는 판결문을 받았다.

아들은 "엄마가 결국 혼자서 이겼어요"라며 기뻐했다. 그 판결문을 받고 '정의가 살아 있다'는 생각이 들었다. 막강한 법무 대리인들에 맞서 혼자 싸우며 변론서 작성뿐 아니라 증거자료나 서류도 혼자 준비해서 제출해야 했다.

별다른 법적 지식도 없는 내가 첫 소송을 이기며 한 가지 확실히 깨달은 것은 세상에서 가장 무서운 사람은 두려움을 피하지 않는 사람이라는 것이다. 그 무엇도 두려움을 피하지 않는 사람을 이길 수 없다. 오직 두려움을 피하지 않을 용기가 필요할 뿐이다.

영화 〈안시성〉을 보면 5천 명의 군사로 당나라의 20만 대군과 싸워야 하는 절대적으로 불리만 전쟁에서 부하가 두려움에 떨며 "이길 수 있겠습니까?"라고 묻자, "넌 이길 수 있을 때만 싸우냐?"라고 안시성 성주가 답한다.

절대 공감하는 명언이다. 인생도 마찬가지다.

살아가다 보면 내 의도와 상관없이 불가피하게 맞서 싸워야 하는 경우가 있다.

때로는 도저히 감당하지 못할 것 같은 거대한 상대와도 싸워야 한다. 그런 상황일수록 힘없는 사람들을 위하는 큰마음으로 싸울 때 기적 같은 일이 일어난다는 것은 극명한 사실이다.

선배로서 싸운다

재판에서 패소한 그들은 항소했고 나는 다시 힘겨운 싸움을 준비해야 했다. 그러던 어느 날, 수출 컨설팅 서비스를 창업한 후에 창업 관련 인터뷰를 하며 인연이 된 한 언론사로부터 여성가족부에 멘토로 추천하고 싶다며 멘토가 되어 달라고 부탁했다. 그는 보수가 없는 사회 기여 활동이라며 어렵게 요청했으나, 나는 꿈을 이루고자 치열하게 고민하는 후배들이 '스승이 없어 내가 나의 스승이 되어야 하는 고통'을 겪지 않기를 바라는 마음으로 멘토를 수락했다.

여성가족부 멘토가 되기 전에도 나에게 무역 강의를 수강하던 한 대학생의 추천으로 그 대학의 멘토로 선정된 적이 있었다. 이때 인터뷰를 해야 해서 멘토의 자격을 생각했었다. 인터뷰를 하러 집을 나서기 전에 아들은 엄마, 아빠를 이 세상에서 가장 존경한다고 말했다.

부모가 아닌 한 사람으로서 엄마를 존경하는 이유를 물으니, "엄마는 작은 일이라도 최선을 다하고 책임을 지며, 말한 대로 실천하고, 생각하면 바로 행동으로 옮기는데 잘못된 선택이 거의 없었어요. 엄마를 지켜보며 다른 사람들과 함께하는 법을 배웠어요"라고 하는 아들의 답에 힘을 얻어 멘토 인터뷰를 하러 갔었다.

어린 아들의 말은 누군가의 인생에 큰 영향을 미칠 수 있는 멘토로서 자격이 있는지 잠시 혼란스럽고 흔들리던 나에게 큰 힘이 되었다.

4개월 동안 대학생, 취업준비생, 사회초년생들로 구성된 멘티들을 만나 멘토링을 할 때마다, 내가 20년 걸린 길을 후배들은 10년 만에 갔으면 좋겠다는 마음으로 진행했다. 멘티의 손을 잡고 끌고 가는 것이 아니라 함께 가는 멘토로서, 사회에서 실질적으로 도움이 될 수 있는 다양한 멘토링 프로그램을 고민하고 실행하려 노력했다.

멘토로서 가장 의미 있었던 것은 해외 바이어와 명함 교환하기 미션 도전에 필요한 대학생 멘티의 첫 번째 명함을 만들어준 일이었다. 그 도전을 함께하며 응원해 주었다.

그녀의 첫 번째 도전은 도전 그 자체로 아름다웠다. 명함도 준비하고 영어로 자기소개도 많이 연습해서 두 명의 바이어로부터 명함을 받아냈다. 대학생 멘티의 첫 번째 도전은 대성공이었다.

마지막 멘토링으로 인천세관과 보세창고를 견학하고 멘티들에게 싸인한 저서와 손 편지, 각자의 캐릭터를 닮은 인형을 졸업 선물로 주었다. 더 큰 세상에서 혼자 외롭지 말라고 보디가드로 준 인형이었다. 선물을 받고 멘티들이 행복해해서 나도 행복했다.

멘티들에게 마지막으로 "최선을 다해야 더 잘하지 못했다는 후회와 자책이 남지 않기 때문에 뒤돌아보지 않고 앞만 보고 나아갈 수 있다. 그래서 자신의 삶에 최선을 다해야 한다"라고 조언해 주었다.

막연한 미래를 위해 지금을 희생하라고 말하고 싶지는 않다. 그러나 최선을 다해 힘껏 달린 오늘 하루가 찬란한 미래의 어느 날을 만들고 있다는 믿음을 저버리지 않기를 바란다. 지금 이 순간이 미래의 모습을 예약하기 때문이다.

멘토로서 멘티들에게 무엇을 주었고 어떤 도움이 되었는지 알 수 없으나 더 큰 세상으로 나아가 자신의 두 발로 설 수 있는 사람이 되길 바란다.

자신만의 태풍을 지나는 순간에도 나를 응원하는 사람이 있다는 것을 기억하며 자신 안에 있는 거인을 깨우라는 응원도 꼭 전하고 싶다.

먼 훗날, 멘티들을 기다렸던 마음도, 그들의 선택을 존중했던 마음도, 멀리서 응원하는 마음도 깊은 사랑이었음을 알게 되리라.

얼마 전, 나를 참 많이 따르던 친구가 하늘의 별이 되었다. 그 친구는 "김은주 대표님이 해준 말이 위로가 되고 큰 힘이 됐어. 그때 참 행복했지"라는 말을 남기고 떠났다. 그 친구를 통해 나에게 주어진 재능과 경험을 누군가를 위해 가치 있게 쓰는 것은 선택이 아닌 사명이라는 것을 더욱 명확하게 느꼈다.

내가 쓴 글이, 내가 한 말이 누군가에게 위로가 되고 힘이 된다면 선택의 여지가 없는 숙명으로 받아들일 것이다.

강의 자리에 설 때마다 오늘이 마지막이라 생각하고 얘기한다. 마지막 만남처럼, 마지막 응원처럼 생각하면 가장 필요한 말을 해줄 수 있다. 가장 따뜻한 말을 해줄 수 있다. 아낌없이 줄 수 있다.

오늘도 나는 작가로서 선배로서 이 시대를 함께 살아가는 사람으로서 누군가를 위해 글을 쓰고, 강연 자리에 서고, 손을 잡고 함께하고, 때로는 부당함에 맞선다. 그것이 나의 길이다.

5 / 결국 따뜻한 마음이 이긴다

책을 출간하기 전에 원고와 디자인을 최종 확인하며 정신없이 지내던 어느 날 저녁, 교복을 입은 여학생 두 명이 사무실에서 방황하고 있었다.

왜 왔느냐고 물으니, "여기 댄스학원 아니에요?" 하고 되물었다.

"아닌데, 누가 속였나 보네?"

"네? 댄스학원 주소라고 알려줘서 버스타고 어렵게 찾아왔어요."

학생들은 황당해하며 어쩔 줄 몰라했다. 고등학교에 다니는 학생들이 수업 끝나고 댄스를 배우고 싶어 인터넷에서 댄스학원을 알아보고 연락했는데 이곳으로 찾아오라며 주소를 알려줬다고 한다.

"저녁밥은 먹었니? 밥은 먹고 가라"고 하자, "정말요?" 하며 실망스러워하던 아이들의 얼굴이 밝아졌다.

늦은 저녁시간에 식당 문을 닫으려는 주인에게 사정해서 학생들에게 돈까스를 사주며, "세상에는 나쁜 어른도 있지만 좋은 어른도 있다. 오늘 너희들이 나쁜 어른한테 당하고 그냥 가면 어른은 다 나쁘다고 생각할 것 같아서 좋은 어른도 있다는 것을 알려주고 싶어서 밥을 사주는 거야. 그러니 너무 상처받지 마라"라고 하니 한 아이가 울었다.

앞으로 자라서 어른에게 받은 상처를 기억하는 사회인이 아니라 어른의 따뜻함을 기억하는 사회인으로 성장하길 바란다는 당부도 했다. 늦은 밤이라 사무실 주변이 워낙 어두워서 밥을 먹고 돌아가는 아이들을 밝은 길까지 배웅해주었다.

인쇄소에 넘길 최종 원고를 마감해야 하는 급박한 상황이라 학생들에게 밥을 사주는 도중에도 편집자가 계속 연락해서 저자가 최종 확인했는지 체크했으나, 그 아이들이 상처를 받은 채 그냥 돌아가도록 외면할 수 없었다.

펜으로, 말로, 행동으로 사람의 마음에 무엇을 새길 것인가? 돌아서는 그 아이들의 마음에 상처가 아닌 사랑이 새겨지길 바랐다.

나는 좋은 사람이 되고 싶다

책을 출간한 후에 만든 작가라는 18번째 명함은 생소했고 기업 CEO와는 다른 색깔이 있었다.

처음 입는 작가의 칼라에 익숙하지 않았지만 확실한 것은 책을 읽은 독자들이 치열했던 지난 삶을 존중하고 감동해준 만큼 사회적 책임과 역할이 커졌다는 것이었고, 이를 인정하지 않을 수 없었다.

작가로서의 칼라에 더해 나의 독특한 커리어를 보고 수많은 언론이 주목하며 인터뷰 요청이 이어졌고, 경기도 의회로부터 포상을 받기도 했다.

경기도 수출컨설팅의 일환으로 기업의 해외바이어 상담을 지원하던 어느 날, 한 메이저 언론사로부터 CEO 탐구 인터뷰를 하고 싶다는 연락이 왔다.

인터뷰 중에 수출을 하고자 하는 한국 중소기업에게 어떤 조언을 하고 싶은지 물어서 투자를 해야 한다고 했다. 그러자 기업의 상황이 어려운데 어떻게 투자를 하느냐고 기자가 반박했다.

"그건 의지의 문제입니다. 투자하지 않으면서 어떻게 발전을 원합니까? 수출하고 싶다면 연봉을 조금 높게 주더라도 무역 실무 경험이 있고 외국어 능력을 갖춰 무역 현장에서 제대로 뛸 수 있는 해외영업 사원도 채용해야 합니다. 해외 시장의 고객은 무형자산이므로 투자가 우선입니다. 기회는 어느 날 갑자기 주어지지 않습니다"라고 답변했다.

어떤 기자인지도 잘 모르고 평소 하던 대로 인터뷰 질문에 답변했으나 매우 날카로운 질문과 사실 여부를 정확히 확인하려는 기자가 왠지 만만치 않은 느낌이었다. 그러나 이렇게 답변한 후부터 인터뷰 분위기가 부드러워지는 것 같았다.

마지막으로 사회 진출을 앞둔 젊은이들에게 어떤 말을 해주고 싶은지 물었다.

"쉬운 선택만 하지 말고 좋은 사람이 되기 위해 자신의 시간, 노력, 정성을 기울여야 합니다. 영어 단어를 하나 더 외우기에 앞서 자신이 어떤 사람이 될 것인지 고민해야 합니다"고 답변하고 인터뷰를 마쳤다.

인터뷰가 끝난 후에야 명함에 '언론학 박사'라는 문구가 쓰여 있는 것이 눈에 들어왔고, 보기 드문 저널리스트 같다고 생각했다.

인터뷰 기사가 나가고 나서 그 기자의 소개로 영자 신문에도 영문 기사가 실렸다.

얼마 후에 그를 다시 만났을 때는 "대단한 베테랑 기자이신지 모르고 너무 당당하게 말해서 죄송했습니다. 하지만 대통령 앞에서도 똑같이 했을 것입니다"라고 미안함을 전했다.

그 후 일 년이 지나 그로부터 연락이 왔다. 그는 언론인으로서 더 책임 있는 자리에 올라 있었고, 그 언론사에서 운영하는 포럼의 원장을 맡게 되었다고 했다.

포럼에 나와 달라는 그의 정중한 이메일 요청에 감동한 나는 "여러 가지 상황이 어렵지만 원장님에게 힘을 실어 드리겠습니다"라고 답변하고 포럼에 참여했다.

수많은 책 중에 내 책을 보고 인터뷰 대상으로 선정하고, 특집 지면 기사를 실어 나를 더 빛나게 해준 것에 대해 항상 고마운 마음과 마음의 빚을 가지고 있었다.

그때 시작된 인연은 새로운 인연, 더 큰 인연으로 이어졌고, 나는 포럼의 사무총장이 되었다. "사람에 대한 따뜻함이 있다"는 이유로 포럼의 사무총장으로 추천되었는데 생전 처음 들어보는 추천 이유였다.

이미 실력과 능력이 검증돼 사회에서 핵심적인 역할을 맡고 있는 수많은 사람들 가운데에서 따뜻한 마음이 있다는 이유로 책임 있는 자리를 맡게 되는 날이 올 것이라고 전혀 생각하지 못했다.

사무총장이 어떤 일을 하는지 잘 알지 못하지만 분명 마음이 따뜻한 사람이 해야 하는 일임에 틀림없는 것 같다. 이제는 책임이 클수록, 영향력이 클수록 능력과 실력보다 마음이 따뜻한 사람을 필요로 하는 세상이 되어 가고 있는 것 같다.

책을 출간한 후 어느 날, CEO가 되기 전에 10년 넘게 다닌 직장에서 함께 일한 동료로부터 통화하고 싶다는 문자가 왔다.

그녀에게 전화하자 내 목소리를 들으니 눈물이 난다고 울컥해 했다. 다른 동료가 우연히 내 책을 읽었는데 내가 책의 저자라는 사실에 놀라서 물어물어 내 연락처를 알아냈다고 한다. 우리가 함께 겪은 많은 일들이 책에 있어 더 공감되고 감동적이어서 다른 사람에게 많이 추천했다고 한다.

그녀는 오랫동안 현장에서 박스를 포장하는 일을 하다가 손목을 다쳐 수술 후에 더 이상 일을 할 수 없어 쉬고 있다고 했다.

나는 퇴직 전에 마지막으로 나를 가장 많이 도와주었던 그녀와 몇 사람들에게 밥을 사주었다. 그녀는 그 일을 기억하며, 지금은 돈을 벌지 못하지만 만나서 맛있는 밥을 사주고 싶다고 했다. 가벼운 주머니를 털어 밥을 사주고 싶다는 따뜻한 말은 감동이었다.

당시 납품도 직접 하고 고객사의 주문 납기를 관리하던 나는 생산현장 직원들의 도움 덕분에 많은 일을 처리할 수 있었다. 그들의 협조에 감사하는 마음에 영업현장에서 돌아오는 길에 간식을 사다 주기도 했다.

별다른 휴게실이 없어 추운 겨울에 복도에 서서 간식을 먹는 그들이 안타까워 휴게실을 만들어 달라고 요청한 일과 퇴직 마지막 날에는 영업비를 아껴 생산현장 직원들 모두에게 따뜻한 만두를 사다주고 그 회사를 떠났던 일이 떠올랐다.

내가 건넨 따뜻한 마음이 그들의 마음에 씨앗을 뿌렸기 때문일까?

내가 누군가에게 준 따뜻한 마음은 시간이 지나 더 따뜻한 마음으로 되돌아오기도 한다.

언젠가 아들에게 경비 아저씨에게 구운 계란 한 판을 가져다 드리라고 한 적이 있었다. 아들이 아주 어렸을 적인 오래 전 일인데 아들은 구운 계란을 먹을 때마다 그때 일을 말하곤 한다.

때로는 알바생에게 건넨 안부가, 지쳐 보이는 사람에게 건넨 커피 한 잔이, 나보다 어려운 사람에게 베푼 친절이, 포기의 문턱에서 방황하는 사람에게 내민 손길이 역풍으로 돌아올 때도 있었다.

그러나 '구운 계란 한 판의 힘' 덕분에 적어도 아들이 똑똑한 이기주의자는 되지 말아야 한다는 것을 배웠으니 더 친절하지 못한 것을 후회해야겠다.

저자가 된 후에 수많은 사람들이 내 책을 만났고 오랜 시간이 지난 후에도 여전히 나를 기억하고 있다는 사실에 놀랐다. 예전 직장 동료, 거래처 직원, 고객사 직원이 우연히 내 책을 읽었다고 연락을 주거나, 저자 강연회에서 만나기도 했다. 그들은 나의 성장을 기뻐하며 응원해 주었다.

때론 자신도 기억하지 못하는 지난 삶이 누군가에게는 지워지지 않는 또렷한 흔적으로 남을 수 있다는 것을 안다면 따뜻한 사람, 좋은 사람이 되어야 하는 이유는 명확하다. 따뜻한 마음을 잃지 않고 최선을 다해 살아온 지난 삶에 모두가 박수를 보내지는 않겠지만 적어도 내가 가는 길을 가로막지는 않는다는 것을 알았다.

나는 책상에서 배운 시간보다 세상에서 온몸으로 부딪치며 배운 시간이 더 많았다. 전 세계를 뛰며 세상을 배웠고 글로벌 비즈니스를 배웠다. 그 시간 동안 배운 가장 소중한 교훈은 좋은 사람이 되어야 한다는 것이다.

"당신을 믿고 사도 되나요? 당신은 좋은 사람인가요?" 글로벌 비즈니스 무대에서 그들을 항상 나에게 물었다.

좋은 사람이어야 함께 일하고 싶고, 어려운 일을 맡기고 싶고, 함께 있고 싶다는 그들의 마음에 공감하며 글로벌 비즈니스 매너를 배웠다.

얼마 전, 한 포럼에서 '왜 좋은 사람이 되어야 하는가?'란 주제로 강연한 적이 있다.

강연이 끝난 후에 한 사람이 "강사님은 좋은 사람이라고 생각하세요?"라고 물었다.

"오늘 강의는 좋은 사람이 되어야겠다고 스스로에게 다짐하는 강의였습니다"라고 하자 더 이상 말이 없었다.

타인의 고통을 공감하는 따뜻한 사람, 그래서 누군가 고통받지 않도록 최선을 다하는 사람, 나보다 어려운 사람에게 친절한 사람, 그런 사람다운 사람, 좋은 사람이 되고 싶다.